Mobile design
Disegna interfacce che funzionano
grazie alla UX e UI mobile design

Copyright © by Luca Panzarella
Prima edizione Febbraio 2021

Sommario

Intro

    Perché il mobile design? ... 7

    Perché navighiamo su mobile? ... 11

    Desktop vs Mobile ... 19

Mobile UX: la strategia

    Mobile first ... 29

    Scrivere per il mobile ... 37

    Una sola azione in una sola schermata ... 47

    Sopra la piega, sotto la piega ... 56

    Touch Hierarchy ... 66

    Le dimensioni contano ... 70

    Attenzione al sovraffollamento ... 76

    Immagini grandi, schermi piccoli ... 81

    Mai lasciare usare la tastiera ... 86

    Responsive web vs app nativa ... 95

    Le notifiche push ... 102

Mobile UI: i pattern

    La barra di navigazione ... 110

    L'hamburgher menu ... 113

    La bottom navigation (o tab bar) ... 119

    Le tab ... 121

I tipi di navigazione all'interno dell'app	124
La Splash screen	131
Filtri	134
La fase di onboarding	138
L'Aiuto contestuale	141
Fine	145
Chi sono	146
Linkografia	147
Bibliografia	149

Intro

Perché il mobile design?

Cominciamo con un po' di numeri.
→ Al mondo ci sono tre miliardi e mezzo di smartphone;
→ Un adulto in Italia spende in media due ore al giorno sul proprio cellulare;
→ Nel 2020 la pubblicità su mobile su scala globale ha rappresentato i due terzi di tutta la spesa in pubblicità sul digitale;
→ La percentuale di accessi tramite mobile a livello globale nell'ultimo anno è stata del 62% e si pensa che raggiungeremo il 75% nei prossimi cinque anni.

Numeri. Numeri che sono una media e per la verità ci sono settori in cui queste statistiche sono più basse: dipende dal mercato, dalla nazione, dal target e dall'uso che l'utente fa di quel particolare sito.

Ma quello che è certo è che navighiamo da smartphone e lo facciamo ogni volta che dobbiamo prendere una decisione. E questo non lo dico io, ma Google: che ci ricorda che il 90% di chi fa un acquisto online usa in modo incrociato desktop, tablet e mobile.

E che vuol dire questo? Vuol dire che andiamo al centro commerciale e vediamo un paio di scarpe che ci piacciono, lo cer-

chiamo rapidamente sul cellulare per leggere le recensioni. Magari non siamo così convinti e torniamo a casa finché sul nostro tablet non vediamo la pubblicità di quella marca che ci ricorda che quelle scarpe aspettano proprio noi: andiamo in salotto, accendiamo il computer, tiriamo fuori la nostra carta di credito e acquistiamo. Bum. Scarpe comprate.
Siamo utenti mobile? Siamo utenti desktop? Siamo utenti tablet? Perché viviamo? Dove andiamo? Cos'ho mangiato stamattina? Domande di cui nessuno sa la risposta, ma questo ci insegna che ogni volta che ideiamo o progettiamo o sviluppiamo un sito e ci troviamo davanti a un computer, stiamo già vedendo il monitor sbagliato. Quello che abbiamo di fronte non è lo schermo che molti degli utenti vedranno per farsi un'idea del nostro sito.
Queste considerazioni ci danno un'indicazione precisa, ci trasmettono un imperativo, un dovere morale, che è: dobbiamo curare l'esperienza mobile, trattarla come una disciplina a parte, come un progetto a parte, a cui dedicare attenzione, tempo e denaro – il denaro preferibilmente del nostro cliente – ed ecco perché esiste il mobile design, ovvero il design dell'esperienza dell'utente di un sito web responsive o un'app mobile nativa.
Un designer specializzato in mobile design è in grado di progettare interfacce conoscendo bene i problemi e le esigenze di un utente mobile. E anche se abbiamo detto che non esi-

ste un utente mobile separato da uno desktop, è anche vero che quando prendiamo in mano questo aggeggio malefico le nostre esigenze magicamente cambiano. Diventiamo più disattenti, acquistiamo di meno rispetto a quando usiamo il computer ma siamo più fidelizzati, più esigenti, più pretenziosi. Abbiamo meno tempo, ci dimentichiamo cosa stavamo leggendo, in quale pagina eravamo, in quale punto eravamo, non riusciamo a premere i link con precisione e per ogni errore di navigazione insultiamo pubblicamente chi ha progettato quel sito: insomma diventiamo quello che viene definito "un utente mobile".

→ Ma chi è l'utente mobile?
→ Perché sceglie di navigare da cellulare?
→ Quali sono le differenze con quello desktop?
→ Cosa cerca in una pagina responsive o un'app mobile?
→ Come usa il cellulare, dove posa lo sguardo, in che posizione si trovano i tasti che statisticamente preme di più?
→ Qual è il suo rapporto con la tastiera del telefono?
→ Come dovremmo disporre gli elementi nella pagina per far sì che legga veramente?
→ Come dobbiamo disegnare la navigazione principale, il menu, le tab, la splash, i filtri?

Domande, domande e ancora domande; ma per chi mi hai preso, un indovino? Decisamente no.

Mi chiamo Luca Panzarella e negli ultimi 15 anni ho aiutato

aziende di qualunque dimensione a creare delle esperienze positive per gli utenti dei loro prodotti o servizi digitali, attraverso i loro siti web o applicazioni mobile e in questo libro parliamo di mobile design.

Si comincia.

Perché navighiamo su mobile?

Dunque, cominciamo da qui.
Cosa ci dice il cervello quando diventiamo un utente mobile? Perché scegliamo di usare il cellulare anziché un computer o un tablet? Certo, possono essere migliaia di ragioni per le quali lo facciamo e non le possiamo certamente elencare una per una, ma possiamo riassumerle in tre grandi macro-categorie. Eccole.

Micro-task

Usiamo il cellulare quando il compito che dobbiamo fare è estremamente piccolo, sia come sforzo cognitivo che fisico, per esempio:
→ Siamo in fila al supermercato e abbiamo bisogno di appuntarci qualcosa;
→ Siamo in un centro commerciale e dobbiamo leggere la recensione di un prodotto;
→ Ci siamo appena svegliati e vogliamo vedere che tempo fa;
→ Dobbiamo aggiungere un evento in agenda.
Insomma: siamo nell'ambito del micro-tasking, abbiamo in mente un obiettivo che dobbiamo portare a termine e vo-

gliamo raggiungerlo nel modo più efficiente possibile. È un obiettivo che ha un inizio e una fine ben determinata: del resto vogliamo appuntarci la lista della spesa, non scrivere il nostro primo romanzo.

Un sito web responsive o un'app mobile che sfrutta questa motivazione deve ottimizzare la navigazione avendo bene in mente l'obiettivo dell'utente, quella singola azione che per lui vale l'apertura del nostro sito o app e togliere, togliere, togliere tutto il resto.

Nell'app Accuweather, il dato sulla temperatura attuale occupa circa il 50% dello schermo.

Per esempio un'app di meteo ha un obiettivo ben preciso: dire com'è il tempo in questo momento.

Certamente l'app farà anche altre cose: magari ci informa della temperatura di domani, il vento, i mari, i fulmini, tutto quello che vuoi. Dobbiamo però essere consapevoli che chi arriva a quel genere di informazioni è una percentuale incredibilmente più bassa di chi vuole solo l'informazione primaria.

Chi accede a un'app di prenotazioni di treni vuole una cosa sola: prenotare un treno che va da una stazione a un'altra, nel modo più semplice possibile.

Qualunque altra informazione aggiuntiva sarà percepita come un ostacolo e più questi ostacoli saranno frequenti, più ci avviciniamo pericolosamente alla goccia che fa traboccare il vaso e alla chiusura della pagina o dell'app.

Qui e ora

La seconda motivazione per la quale navighiamo da cellulare è la seguente: vogliamo sapere cosa sta succedendo, qui e ora. Per esempio:

→ Apriamo Google Maps e cerchiamo un benzinaio vicino;

→ Apriamo Tripadvisor e cerchiamo un ristorante nei dintorni;

→ Apriamo Eventbrite alla ricerca di un evento nei prossimi giorni;

→ Apriamo Justeat perché vogliamo che ci consegnino un pranzo giapponese decente, al miglior prezzo e all'orario che decidiamo noi;

→ Apriamo Trenitalia perché dobbiamo prenotare il treno che parte tra 10 minuti al binario 5 perché abbiamo perso la coincidenza.

Mentre la navigazione tramite computer è dedicata a task lunghe che non hanno alcuna connotazione temporale, quella mobile sottintende un'urgenza, la necessità di trovare qualcosa il più vicino possibile, il più presto possibile, il più comodo possibile.

Il sito Deliveroo.it ci permette di inserire la nostra posizione con un semplice tap anziché digitare manualmente l'indirizzo.

Il GPS integrato ci permette con un semplice tap di ordinare per vicinanza i dati, operazione che è più semplice e più precisa da cellulare che da desktop, e non dobbiamo mai sottovalutare come la facilità d'uso possa influenzare la scelta di un dispositivo invece che un altro, o peggio ancora di un sito che fornisce un'esperienza migliore.

La fotocamera ormai da qualche anno può leggere qualunque qrcode e, sebbene questa tecnologia non si sia mai veramente imposta, durante la pandemia da coronavirus migliaia di ristoranti hanno dovuto trasformare il proprio menu cartaceo in uno digitale, disponibile proprio tramite qrcode.

La pagina principale dell'app Tripadvisor ci suggerisce di "scoprire cosa c'è nelle vicinanze", così da evitare una digitazione manuale.

Insomma la tecnologia insita negli smartphone batte qualunque processore di un personal computer quando si tratta di ricerche nel tempo e nello spazio.

Un sito web responsive o un'app mobile che risolve questo esigenza ha il dovere di rendere la ricerca mobile quanto più semplice possibile, per esempio facendoci evitare di digitare un indirizzo o di selezionare le attività da fare nelle vicinanze.

Intrattenimento

La diffusione degli smartphone e la loro onnipresenza ha trasformato tanti momenti introspettivi in momenti ludici, come quando camminiamo, o quando stiamo aspettando l'autobus, e persino quando siamo a tavola con qualcuno.

In questo libro non parliamo dei problemi sociali del nostro tempo, ma è un dato di fatto che prendiamo in mano il cellulare ogni volta che ci sentiamo minimamente annoiati, proprio come la generazione precedente si metteva davanti alla tv facendo zapping, solo che noi lo facciamo ovunque, in situazioni in cui non per forza siamo da soli.

E se prima con la tv eravamo semplici spettatori passivi, oggi possiamo intervenire, chattare, influenzare nel bene e nel male chi ha postato quel contenuto.

Quando parlo di intrattenimento non mi riferisco semplicemente al mondo dei videogiochi, anche se comunque è un mercato che è cresciuto anche grazie agli smartphone, dato che il 60% di tutta l'industria dei videogiochi riguarda specificatamente il mobile gaming.

L'intrattenimento riguarda anche le testate testate giornalistiche, la musica, i social network: oggi il modo di usufruire di queste forme di intrattenimento si è frammentato e non leggiamo più un giornale ma un singolo articolo, così come non ascoltiamo più un album, ma scarichiamo una singola canzone.

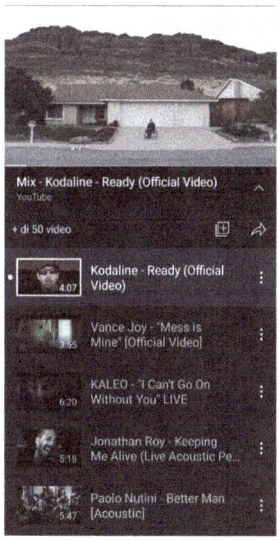 

*A sinistra la playlist suggerita da Youtube,
a destra i video correlati di Netflix.*

Un sito responsive o un'app mobile che risponde a questa esigenza può sfruttare gamificazione, facilità d'uso ed emotional design per convincere l'utente a rimanere "giusto un altro minuto", guardare ancora una puntata su Netflix, o un video correlato su Youtube, un ultimo video soft-porno su Tik tok, un'ultima imperdibile storia su Facebook che si autodistruggerà tra 24 ore.

In conclusione

Queste sono le tre macro-categorie alle quali il sito web o l'app mobile che stai progettando probabilmente appartiene. E certo sono regole che, almeno in parte, valgono anche per gli utenti desktop, e quindi la domanda è: ma qual è la differenza dell'esperienza di navigazione che posso fare su smartphone nei confronti di quella desktop? Ne parliamo nel prossimo capitolo.

Desktop vs Mobile

Entriamo più nel dettaglio e chiediamoci: cosa c'è di diverso tra un'esperienza desktop e una mobile? Possiamo racchiudere le differenze in cinque grandi categorie: le dimensioni, l'orientamento, la navigazione, l'ambiente e il focus.
Vediamole insieme.

1. Dimensioni

Non so se te ne sei accorto: lo schermo dello smartphone è più piccolo rispetto a quello del computer.
In una versione desktop abbiamo spazio, molto spazio, e possiamo permetterci di:
→ Usare due colonne una a fianco all'altra e fare in modo che l'elemento a sinistra sia collegato logicamente con quello a destra;
→ Inventarci una sidebar dove mettere dei contenuti meno importanti oppure dove inserire la call to action principale;
→ Mettere un testo descrittivo con accanto un form;
→ Usare le mappe e creare un collegamento logico tra i contenuti sulla sinistra e la mappa sulla destra.
Su mobile dobbiamo dimenticarci di questa libertà.
Tutto viene incolonnato e non abbiamo granché spazio per

mettere dei contenuti lateralmente. Ciò vuol dire che, se prima avevamo la possibilità di inserire un contenuto primario e uno secondario più o meno sullo stesso piano, su mobile dobbiamo fare una scelta: o uno o l'altro.

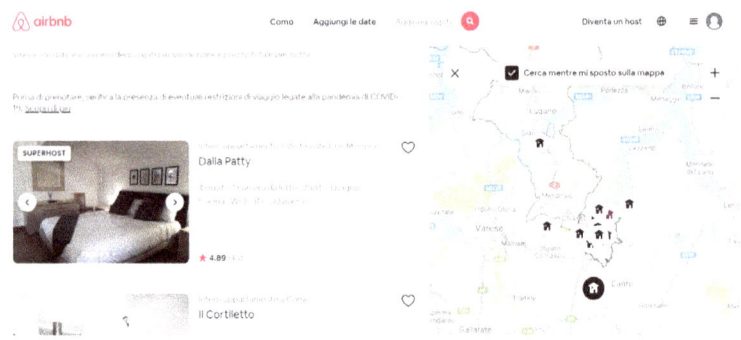

Su Airbnb.com l'elenco degli appartamenti sulla sinistra è legato concettualmente alla mappa sulla destra.

E che sia un sito responsive o un'app mobile poco importa: all'interno di questo dispositivo si scatena una guerra per accaparrarsi ogni singolo pixel disponibile.

E quali sono le possibili soluzioni? Possiamo progettare un layout partendo proprio dalla visualizzazione mobile. Oppure possiamo lavorare sul contenuto, inserendo solo ciò che è indispensabile e togliendo tutto il resto.

Parleremo di come fare questa scelta difficile nella prossima sezione legata alla UX mobile.

2. L'orientamento

Il secondo punto riguarda l'orientamento dello schermo: non solo quindi lo schermo è più piccolo, ma si sviluppa in verticale anziché in orizzontale. Questo cosa comporta?

→ Non possiamo più disporre il nostro messaggio su più colonne, ma ognuna di esse su mobile deve essere un blocco monolitico. Non possiamo contare sull'immagine accanto al testo per poter spiegare o enfatizzare ciò che abbiamo appena descritto a parole.

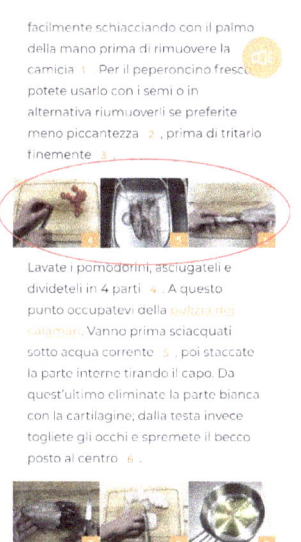

L'immagine centrale si riferisce al testo sopra o sotto?
Per saperlo dobbiamo per forza leggere il testo
per qualche secondo.

→ Siamo costretti a fare una lunga attività di scrolling, andando in basso e in alto più volte per poter collegare logicamente ciò che abbiamo letto con l'immagine che stiamo vedendo o con il pulsante che ci chiede di acquistare.

La verticalità ci costringe a uno sforzo di memoria, sforzo che non esiste nel mondo desktop perché, avendo più spazio a disposizione, possiamo collegare logicamente testi, immagini i pulsanti.

Insomma l'orientamento verticale è una bella gatta da pelare, perché non solo il layout è più piccolo, non solo è diverso, ma dobbiamo prevederne uno che possa convivere con entrambi gli orientamenti: quello verticale mobile, quello orizzontale desktop.

E il fatto che un'app mobile nativa non abbia questo obbligo è già un ottimo motivo per cui riusciamo più facilmente a progettare un'app rispetto a un sito web responsive. La soluzione a questa problematica è quella di creare dei layout su mobile che non sono una semplice versione responsive, ma dei layout diversi da quelli desktop.

Anche di questo parleremo a lungo nei prossimi capitoli.

3. Navigazione e tastiera

Giusto per non farci mancare nulla, quando navighiamo un sito su desktop abbiamo a disposizione un mouse e una tastiera; su mobile invece l'unico strumento a cui possiamo fare affidamento è la nostra mano.

Il 49% degli utenti naviga usando solo una mano e solo il

pollice.

Il 36% usa sì due mani, ma una regge il telefono e l'altra naviga, quasi sempre col pollice. Arriviamo così a un 85% di utenti che usa il cellulare così.

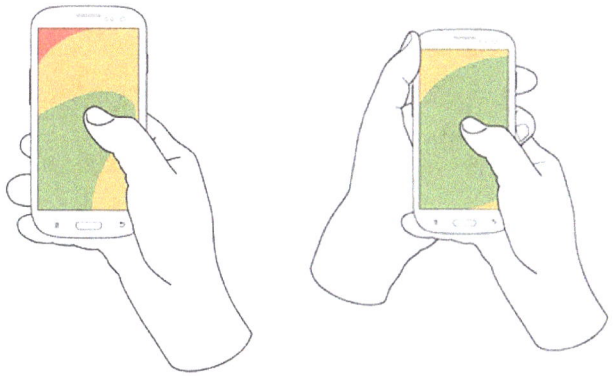

*L'85% degli utenti usa una sola mano
e solo il pollice per navigare.*

Su desktop siamo liberi di andare in giro per tutto lo schermo senza fare praticamente alcuno sforzo: possiamo andare in alto, in basso, posso lavorare di precisione e cliccare sulla "x" microscopica che è comparsa nell'angolo a destra. Inoltre grazie alla tastiera possiamo compilare facilmente dei form che chiedono tutto di noi: email, password, la nostra biografia, quello che ti pare.

Possiamo cliccare col tasto destro del mouse, creare delle multiselezioni, andare in hover e vedere un cambiamento dell'interfaccia che mi aiuta a capire che posso fare qualcosa con l'area in cui mi trovo.

Su mobile non possiamo fare nulla di tutto questo e la facilità con cui raggiungiamo certe aree dello schermo dipende solo da una cosa: la dimensione del nostro pollice.

E un dito per sua natura è uno strumento stupido, primitivo e impreciso, che si mette in mezzo tra la nostra vista e lo schermo. Questo è del resto uno dei principali motivi per cui finiamo per tappare sul pulsante sbagliato, oppure tappiamo quando invece volevamo semplicemente fare un po' di scrolling.

Ricorda che queste non sono eccezioni: questa è la consuetudine.

La soluzione a tutto questo pasticcio è quella di cambiare il modo in cui diamo priorità alle cose: ne parliamo nel capitolo dedicato alla "Touch Hierarchy".

4. Ambiente

Il quarto punto riguarda l'ambiente in cui l'utente si trova. Quando siamo su desktop è probabile che ci troviamo in una stanza della nostra casa o comunque un luogo dove ci sentiamo al sicuro, magari stiamo ascoltando la nostra musica preferita, ci sentiamo più aperti ad affrontare possibili rischi e abbiamo tutto il tempo a disposizione per analizzare nel dettaglio la pagina che stiamo leggendo. Non a caso ad oggi la versione desktop rimane quella preferita degli utenti quando devono acquistare qualcosa.

Quando navighiamo su mobile ci troviamo in ambienti dinamici, confusionari, dove è difficile persino ascoltare la nostra stessa voce oppure la nostra lettura deve fermarsi dall'arrivo della metropolitana o da uno spintone ricevuto per caso.

Anche se ci troviamo a casa, quindi in ambienti conosciuti, non è detto che abbiamo a disposizione la stesso tempo rispetto a quando navighiamo su desktop; pensa per esempio a delle situazioni in casa dove la nostra navigazione viene interrotta da un fattore esterno: il pranzo che è pronto, il citofono che suona. Il nemico a volte arriva all'interno dello stesso cellulare: telefonate, sms, notifiche.

Insomma, la navigazione mobile è per sua natura più frammentata, più caotica, più superficiale. La soluzione a tutto questo è creare delle pagine che mettano in primo piano dei contenuti essenziali per l'utente. Non è che non ci sia spazio per i convenevoli, non c'è spazio nemmeno per tutte le voci di menu, per dire.

Dobbiamo tagliare con l'accetta e senza pietà ogni forma di vita che non sia essenziale affinché l'utente decida di compiere l'azione che lo porterà al passaggio successivo.

Un lavoro difficilissimo perché presuppone il sapere con assoluta certezza cosa voglia l'utente e noi a stento sappiamo cosa vogliamo noi dalla vita. Ma questo è un tema per un altro libro.

5. Multi-tasking

L'ultimo punto è il multi-tasking.

Su desktop siamo abituati a fare un po' come ci pare: abbiamo un tab aperto con Youtube e le nostre canzoni preferite. Il nostro software con cui scriviamo i testi. Il sito che stiamo navigando perché ci serviva la risposta a un dubbio tecnico che avevamo. La chat aperta con un nostro amico.

Su mobile no.

Non solo ogni applicazione compete con tutte le altre e l'utente deve quindi scegliere, in modo lineare ed esclusivo, quale applicazione aprire per prima.

L'utente mobile si trova costretto in uno spazio ridotto, senza mouse, senza tastiera, di solito in ambienti dinamici e può concentrarsi solo a una cosa per volta.

Insomma, l'utente mobile è come la maggior parte di noi maschietti: non sa fare più di una cosa alla volta.

In conclusione

Impaziente, distratto, goffo e senza strumenti di precisione: l'utente mobile è decisamente meno attrezzato di un utente desktop e ha meno probabilità di terminare il compito che si era prefisso.

Ed è qui che entra in gioco la nostra professionalità: che tu stia facendo un sito responsive o un'app nativa, hai il dovere di imparare a comunicare per le esigenze specifiche dell'utente mobile e dovrai fare in modo che ogni singolo elemento presente nel layout abbia un buon motivo per stare lì dove lo hai messo.

In poche parole, dovrai comunicare nel modo più semplice e immediato possibile, e siccome so già che non hai dato molta retta a queste parole, ho pensato per te un'intera sezione dedicata a questo: parliamo di Mobile UX design.

Esercizio: studia il tuo modo di navigare

Osservati con un occhio critico e distaccato durante la navigazione mobile. Ecco delle domande che possono aiutarti:

→ Dove ti trovi mentre navighi da mobile?

→ Quali sono le condizioni ambientali?

→ Quanti minuti rimani a guardare una stessa schermata prima di fare qualcos'altro?

→ Quali mani e dita stai usando per navigare?

→ Quali sono i tipi di contenuto a cui dedichi maggiore attenzione? Testi, immagini, video?

→ Trovi comodi da usare i siti o le app che navighi più spesso? Sì o no e perché?

Mobile UX design: la strategia

Mobile first

Nel 2010 Eric Schmidt, CEO di Google, fa uno di quegli annunci che procura non pochi problemi ai designer di tutto il mondo.

Cosa dice Eric di così tanto grave? Dice una cosa così: «Signori miei, qui ci arrivano un sacco di ricerca da mobile. Quanto? Un sacco. Un numero inimmaginabile. Dunque d'ora in avanti noi facciamo una cosa: i siti che non sono ottimizzati per l'esperienza mobile li mettiamo in secondo piano a favore di quelli ottimizzati.»

Tutto qui? no. Eric continua e dice: «Noi cominciamo a disegnare tutto il nostro software con una filosofia "mobile first"». Bum. Da lì centinaia di migliaia di chiamate si spostano alla velocità della luce in tutto il mondo, dirette nelle case dei designer che di prima mattina, intorno alle 11, vengono svegliati di soprassalto dai clienti che vogliono un sito "mobile first".

E a questo punto ti chiederai: «Ma cosa diavolo vuol dire fare un sito mobile first?». Che poi è quello che all'epoca si chiesero tutti i designer. Per fortuna sono passati tanti anni da quel giorno e oggi sappiamo con precisione i principi di questa filosofia di progettazione, che sono due.

Progetta prima su mobile, poi su desktop

Il primo: disegna pensando direttamente alle dimensioni di uno schermo mobile e solo dopo progetta per uno desktop.

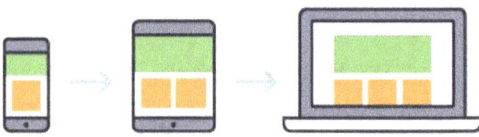

Quale sarebbe il vantaggio di questa strategia? Se parto già da uno spazio piccolo, problematico come quello mobile, vorrà dire che sarò costretto fin da subito ad essere essenziale, a decidere una gerarchia precisa per i testi e le immagini. Prima il titolo? Prima l'immagine? Prima il paragrafo? Prima il pulsante? Su mobile non possiamo fare a meno che rispondere a queste domande. E una volta che abbiamo sistemato tutto per bene su mobile, solo allora passiamo alla versione desktop.

Del resto, è come abitare in un appartamento piccolo e dopo qualche anno comprare uno che è grande il doppio: vedrai quante cose riuscirai a farci entrare.

La gerarchia delle informazioni cambia

Il secondo punto: occhio alla gerarchia delle informazioni,

perché se su desktop abbiamo molto più spazio a disposizione e ci possiamo permettere delle sbavature, degli spazi inefficienti, su mobile no.

Qui invece dobbiamo rendere subito ben visibile ciò che l'utente sta cercando e fargli usare quella funzionalità in modo semplice e indolore.

Per questo motivo potrai trovare spesso il concetto di "mobile first" associato a quello di "content first", ovvero: concentriamoci sul cuore del contenuto o della funzionalità da mostrare al cliente.

In una filosofia "content first", ogni volta che abbiamo a che fare con un testo, ci facciamo le seguenti domande:

→ Siamo proprio sicuri che questa funzionalità è necessaria?

→ Siamo sicuri che il caricamento di questa funzionalità o effetto grafico valga il tempo di caricamento di un utente che apre quel contenuto in mezzo alla campagna molisana?

→ Qual è il cuore di questa funzionalità? possiamo mostrare solo questa parte agli utenti mobile e mostrare tutto il resto a chi usa la versione desktop?

→ Di tutto questo testo che vogliamo comunicare, quale è la singola frase veramente essenziale?

E dopo questa scorpacciata di teoria, facciamo qualche esempio pratico di "mobile" e "content first".

Youtube

Dato che è stato Google a parlarne per primo, andiamo a vedere più da vicino i suoi siti e in particolare Youtube, senz'altro tra quelli più riusciti.

Abbiamo una versione mobile che assomiglia molto a un'app nativa: ha una tab bar in basso, non presenta alcun hamburger menu, nonostante esso sia presente nella versione desktop, insieme ad altre voci di menu che si estendono nel menu in alto a destra, tra cui il pulsante "aggiungi video", che su mobile non c'è. Persino quello delle notifiche sparisce nella versione mobile: del resto, su mobile abbiamo le push.

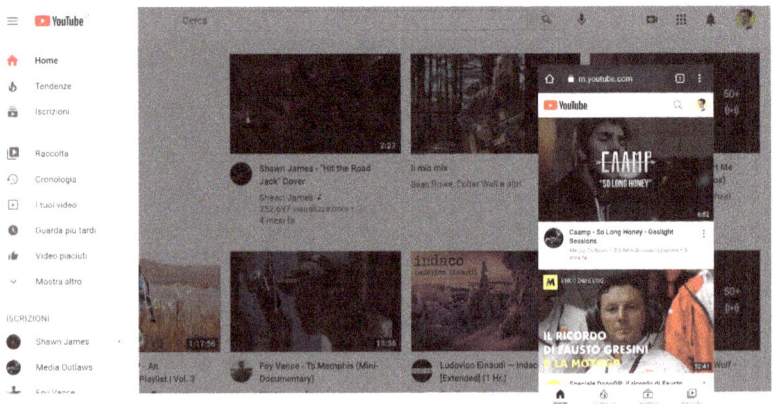

Le differenze tra la versione web e mobile di Youtube.

Tomorrowland

Un altro esempio ben riuscito è un festival di musica, Tomorrowland. Partiamo come al solito dalla versione mobile: una tab bar in basso, come fosse un'app mobile. Un layout pieno di card a una o a due colonne. Due voci di menu in evidenza: la radio e il link per accedere e a sinistra un logo che funziona da hamburgher menu, contenente delle voci che molto probabilmente non sono così importanti per il business del cliente.

Andiamo a vedere la versione desktop.

La tab bar è diventata una barra verticale, esatto, proprio come quella in Youtube.

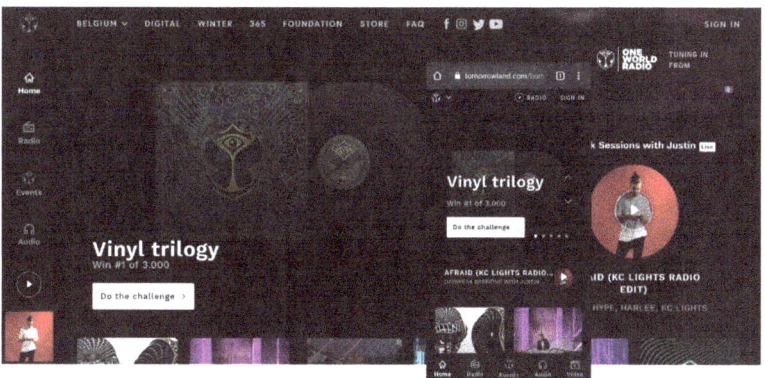

La filosofia "mobile first" di Tomorrowland.

Il logo non ha più un menu a tendina, perché questo è diventato un menu per esteso. Il resto del layout, trattandosi di un layout a card, è facile immaginarselo.

"Mobile first" non è "Everything mobile first"

Occhio a non confondere la filosofia "Mobile first" con "Facciamo diventare qualunque risoluzione dello schermo un'esperienza mobile".

Qualcuno dovrebbe dirlo ad Huffington Post, per esempio: prendere un layout progettato per mobile e ricopiarlo pixel per pixel su desktop, se non aggiungendo un menu orizzontale, be', questa non può essere una soluzione efficace.

Huffingtonpost.com non fa altro che prendere la versione mobile e ingrandire tutto per la versione desktop.

Magari così avremo premiato chi arriva da mobile, ma un utente desktop merita una migliore ottimizzazione dello spazio che questa.

Per esempio fa meglio Pitchfork.com, un famoso sito di giornalismo legato alla musica.

Partiamo come sempre dalla versione mobile: qui abbiamo ancora una volta una tab bar in basso, che mostra delle icone senza didascalia: questo approccio è sempre rischioso, specie quando usiamo icone come queste poco convenzionali.

Il protagonista indiscusso di tutte le pagine di questo sito è lui: il contenuto. Del resto in un sito di notizie, non può che essere diversamente.

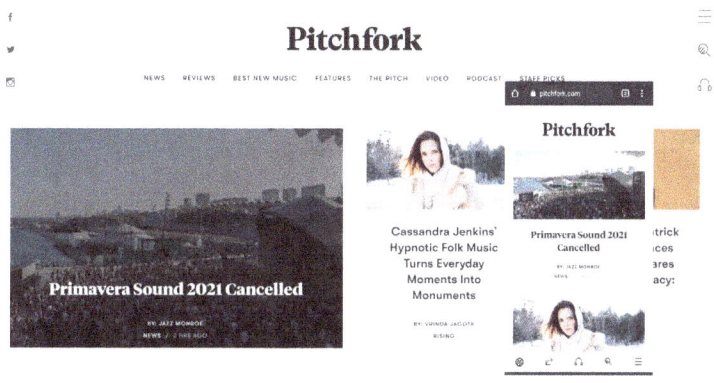

Anche Pitchfork.com parte con un layout mobile molto lineare, che su desktop viene ottimizzato in modo intelligente.

Insomma, il "mobile first" è una filosofia di design che non è certo adatta a clienti chiacchieroni, pieni di sé o egocentrici, perché si tratta di togliere ogni piccolo elemento che distrae l'utente dal suo obiettivo e spesso questi piccoli elementi sono lì perché qualcuno li vuole e questo qualcuno di solito è il cliente.

Quindi un approccio "content first" mette al centro di tutto l'utente, come al solito del resto, e ci costringe a chiederci cosa è importante per *lui*, cosa sta cercando *lui*, come si comporta *lui* quando usa il sito responsive o l'app che stiamo progettando e questo a volte ci porterà a design talmente ot-

timizzati da richiedere una versione mobile responsive diversa, a volte molto diversa, da quella desktop.
Sì, lo so: un casino di dimensioni epiche.
Ma la buona notizia è che abbiamo appena cominciato. E dato che abbiamo tanto di content first, è il caso proprio di cominciare a parlare di contenuti. Nel prossimo capitolo.

Esercizio: studia la versione mobile dei siti

Osserva con occhio critico i tuoi siti preferiti. Guarda la versione mobile e poi quella desktop. Rispondi alle seguenti domande:

→ Secondo te, chi ha progettato il sito ha cominciato dalla versione mobile o da quella desktop?

→ Quali sono gli elementi che ti fanno propendere verso una delle due risposte?

→ La versione mobile è differente rispetto a quella desktop o è semplicemente una versione più piccola?

→ Quali sono le migliorie che potresti applicare al sito mobile che stai analizzando?

Scrivere per il mobile

Noi designer abbiamo questa tendenza a snobbare i testi.
A noi interessano i colori, le illustrazioni, gli allineamenti, gli effetti parallasse; ma per noi i testi sono quella cosa che deve entrare nella griglia che abbiamo previsto. E se non lo fanno, be', sono problemi del cliente.
Negli anni ho perso questa visione utopistica, soprattutto da quando ho dovuto disegnare delle landing page di vendita per i miei servizi. E allora restiamo ai fatti. E ogni volta che parliamo di fatti dobbiamo citare Jacob Nielsen, guru dell'usabilità, che dice così: è più difficile capire quando leggiamo attraverso un cellulare rispetto a uno schermo del computer. Quanto difficile? il 108% in più. Va bene, ok, ma che vuol dire esattamente "il 108% più difficile"? Vuol dire due cose.

Meno contesto

Uno: nel momento iniziale, quello in cui non abbiamo fatto ancora scrolling, abbiamo a disposizione meno testo da leggere su mobile rispetto alla controparte desktop. Meno testo vuol dire meno informazioni, meno contesto: stiamo leggendo un titolo o un sottotitolo? Cosa ci sarà dopo il paragrafo che sto leggendo? L'immagine collegata a questo testo è quella sopra o sotto? Avendo meno contesto dobbiamo interpretare di più e l'interpretazione, dato che è soggettiva, può indurci all'errore.

Usiamo più memoria

Due: l'utente mobile deve fare scrolling molto di più rispetto a uno desktop e dovrà contare sulla sua memoria per ricordarsi cosa ha letto prima e collegare quell'informazione al testo che sta leggendo.

Più la pagina è lunga più informazioni deve ricordare, e se per caso c'è un link che rimanda a un testo di approfondimento e poi torna indietro, l'utente dovrà ricordarsi il punto nel quale era arrivato.

In generale quindi possiamo dire che con un cellulare in mano il nostro cervello frulla di più e a forza di frullare c'è chi si perde i pezzi per strada.

Per questo motivo il nostro compito è quello di assicurarci che su mobile lo spazio utilizzato sia ottimale ed evitare di riempirlo con informazioni non necessarie o ridondanti. Al contrario, un buon testo deve essere diretto, conciso e formattato sapendo già che non verrà letto ma scansionato dall'occhio disattento del nostro utente medio.

Ma come possiamo concretamente rendere un testo più facile da leggere? Facciamo qualche esempio.

Wikipedia

Sono sicuro che avrai visto una scheda di dettaglio di Wikipedia migliaia di volte. Saremmo tentati di dire che la versione mobile di una pagina di dettaglio mostri per prima la colonna principale e poi la sidebar, come del resto fa la maggior parte dei siti, no? E invece no.

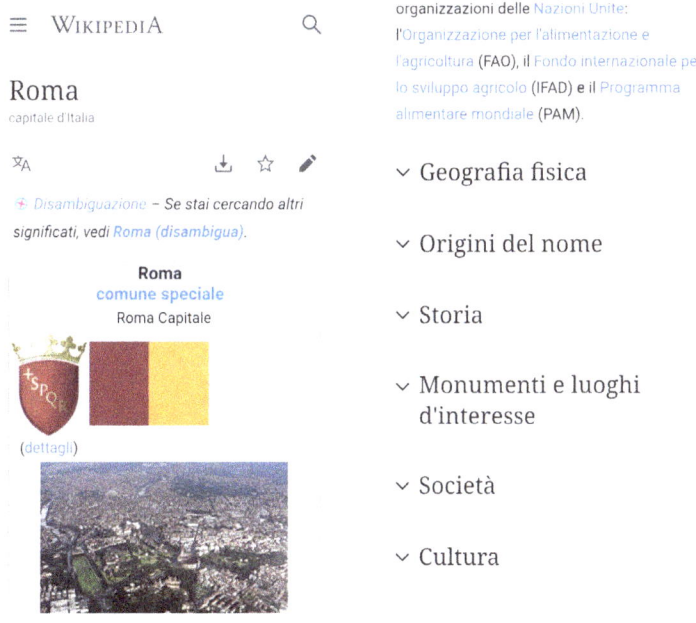

La pagina di Roma su Wikipedia

La sidebar è la prima cosa che vediamo nella versione responsive e questo perché essa condensa in modo molto schematico i dati chiave di ciò che andremo a leggere dopo.

Ma non solo: dopo il testo introduttivo, tutti i titoli della pagina si trasformano in quello che viene chiamato "drop-down menu", ovvero dei menu chiusi che devono essere aperti di volta in volta tramite un tap.

In questo modo mostriamo i contenuti in modo efficiente sapendo già che l'utente NON leggerà la pagina, ma la scansionerà. Questo il passaggio mentale chiave che dobbiamo fare.

Un articolo su nytimes.com

Il The New York Times, come tanti altri quotidiani, conosce bene questo problema. Ecco perché, subito dopo il titolo, inserisce un sottotitolo. Come se non bastasse, subito dopo c'è un punto elenco in cui troviamo "tutto quello che dobbiamo sapere", che è esattamente il titolo di questa sezione. Infine abbiamo un'ulteriore titolo, poi l'immagine e solo adesso – adesso che probabilmente a leggere è rimasto giusto l'autore dell'articolo e qualche suo parente – solo adesso parte l'articolo vero e proprio.

IMDb

IMDb è un famoso sito che raccoglie praticamente tutti i film al mondo mostrandoti trailer e recensioni. La pagina web mostra una colonna principale con il video, una sidebar con i dettagli del film e poi di nuovo una colonna unica a tutta larghezza che mostra altri contenuti.

La versione desktop di IMDb.

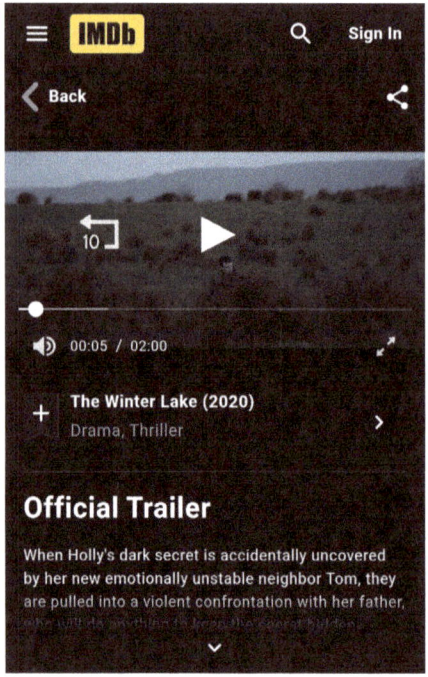

La versione mobile di IMDb.

La descrizione viene volutamente tagliata dopo le prime tre righe perché tanto sappiamo che solo una piccola percentuale di utenti leggerà questo testo, mentre tutti gli altri si fermeranno prima.

Giallozafferano.it vs Allrecipes.com

La versione mobile di una scheda dettaglio di Giallozafferano.it presenta la storia del piatto anziché gli ingredienti. Immaginiamoci quindi in cucina, con le mani sporche di farina, la pentola che bolle: quante possibilità ci sono che io voglia leggere la storia di un piatto invece che le modalità di preparazione?

*Il sito GialloZafferano.it comincia
con una lunga descrizione della storia del piatto.*

Questo lo sa bene Allrecipes.com, uno dei siti più cliccati al mondo di ricette. Tra i due siti c'è una sostanziale differenza nel modo in cui vengono descritte le ricette: da un lato abbiamo degli step ben scanditi da titoli e icona, dall'altro un testo fitto senza mai andare a capo.
E ora la prova del nove, pronto? Mettiamoci nei panni di chi

deve leggere un passaggio, stacchiamo gli occhi dal cellulare, ci mettiamo a tagliare che ne so, la cipolla, magari piangiamo un po', poi torniamo sulla ricetta e vogliamo rileggere il punto in cui eravamo. Quale delle due schermate permette di raggiungere più facilmente questo obiettivo?

Scatter pasta evenly on top of sausage mixture. Pour in red wine. Spread pasta sauce evenly on top of the pasta, but do not stir.

✓ Step 3

Close and lock the lid. Select high pressure according to manufacturer's instructions; set timer for 8 minutes. Allow 10 to 15 minutes for pressure to build.

✓ Step 4

Release pressure using the natural-release method according to manufacturer's instructions, about 20 minutes. Release remaining pressure carefully using the quick-release method, about 5 minutes. Unlock and remove the lid.

✓ Step 5

Nel frattempo preparate il ripieno: eliminate la costa centrale del cavolo cinese 10 e tritate la foglia 11 , poi tritate finemente anche il cipollotto 12 .

Pelate e tritate lo zenzero, oppure in alternativa potete grattugiarlo 13 . Nella ciotola della planetaria munita di foglia versate il cavolo cinese, il cipollotto 14 e lo zenzero 15 .

Aggiungete il macinato di maiale 16 , lo zucchero 17 , il sale e il pepe 18 .

A sinistra Allrecipes.com, a destra GialloZafferano.it.
Quale dei due è più leggibile su mobile?

Se potessi scegliere, prenderei le immagini di Giallozafferano.it e le combinerei con la formattazione di Allrecipes. Nessun dubbio al riguardo.

Insomma: ragionare sulla formattazione di un testo vuol dire scegliere se usare dei titoli, dei sottotitoli, dei punti elenco, quanto testo mostrare e quanto nascondere. Queste sono scelte che, nella mia esperienza, il più delle volte vengono lasciate al caso o peggio ancora all'estro dello sviluppatore, e invece sono dei dettagli che possono aumentare vertiginosamente la durata della sessione media della pagina.

Ricapitolando

Dagli esempi che abbiamo visto abbiamo imparato che:
→ Meglio mettere per prima i punti fondamentali del contenuto che stiamo scrivendo, e solo dopo mettere quelli meno essenziali o più verbosi, come abbiamo visto con il The New York times;
→ Laddove possibile è bene nascondere i contenuti e a volte solo la parte dei contenuti che riteniamo non essenziale e lasciamo accedere ad essi con un'azione volontaria da parte dell'utente. Questo l'abbiamo visto bene con Wikipedia;
→ Mettiamoci sempre nei panni dell'utente finale, simulando anche l'ambiente o le condizioni in cui lui si trova. Dobbiamo imporci di giudicare il nostro layout solo attraverso il modo in cui l'utente usufruisce di quel contenuto e non il nostro modo. Solo così potremo essere abbastanza obiettivi.

Esercizio: fai il restyling di un sito per ricette

Abbiamo parlato di siti per ricette, è arrivato il momento di farne la versione mobile! Scegli tra uno di questi famosi siti e fai il restyling della versione mobile con il tuo software di design preferito.

→ www.gnamgnam.it

→ www.misya.info

→ www.agrodolce.it

→ www.giallozafferano.it

Per avere un feedback, posta il tuo esercizio all'interno del mio gruppo Facebook https://www.facebook.com/groups/uxdesignfriends.

Una sola azione in una sola schermata

Abbiamo detto che la navigazione mobile è spesso frammentata.

L'utente ha poco tempo per analizzare tutta la pagina e per questo motivo operazioni complesse come una registrazione, una ricerca avanzata o la compilazione di un form potrebbe essere fonte di tanti mal di testa. Così magari lì per lì rinunciamo, ci diciamo «Questo lo farò quando torno a casa» e poi, una volta a casa, ci ammazziamo di serie tv su Netflix.

Ecco perché le azioni più complesse su mobile dovrebbero essere ripensate da zero e possiamo definire la tecnica migliore per farlo con la frase "un'azione in una sola schermata". Che vuol dire? Vuol dire spezzare il processo mentale in tanti passaggi, anche a costo di incanalare l'utente in un processo molto lungo, ma che ha una caratteristica ben precisa: quella di chiedere una sola decisione, e dunque una sola azione, per singola schermata.

Facciamo subito qualche esempio.

L'onboarding di Linkedin

Il processo di onboarding, ovvero quell'insieme di dati che l'utente deve inserire per potere provare o acquistare un prodotto o un servizio, è di sicuro uno dei momenti più delicati e quello che merita maggiori attenzioni durante la progettazione.

Il processo di onboarding di Linkedin si divide in ben nove schermate:

→ Nella prima ci viene chiesta solo l'email, probabilmente per controllare che tu non sia già un utente registrato.

→ Nella seconda ci viene chiesta la password: voglio farti notare come avrebbero potuto inserire la richiesta di email e password nella stessa schermata eppure no, non lo hanno fatto. Prima solo l'email e poi, se l'email è verificata, compare il campo password. Il motivo? Maggiore pulizia, "tutto qui".

→ Nella terza ci viene chiesto nome e cognome.

→ Nella quarta dobbiamo superare un controllo di sicurezza.

→ Nella quinta abbiamo un messaggio di benvenuto.

→ Nella sesta ci viene chiesto il tipo di lavoro che svogliamo e solo dopo aver scelto la qualifica più recente ci viene chiesto il tipo di impiego e l'azienda. Ancora una volta, avrebbero potuto mostrare le tre cose insieme ma no, non lo hanno fatto.

→ Nella settima ci viene chiesta la località.

→ Nell'ottava la nostra foto.

→ Nella nona e ultima schermata, la conferma password.
Nove passaggi. Non c'è alcuna esigenza tecnica che ci impone la divisione di queste informazioni in così tante schermate, se non quella di abbassare lo stress dell'utente e aiutarlo ad arrivare fino alla fine.

La ricerca di Airbnb

Ma se potrebbe essere ovvio quello di suddividere i passaggi in un processo di oboarding, c'è chi ha fatto di più e ha preso uno dei momenti più delicati in assoluto della customer journey dell'utente e lo ha spezzettato in tanti piccoli passaggi.

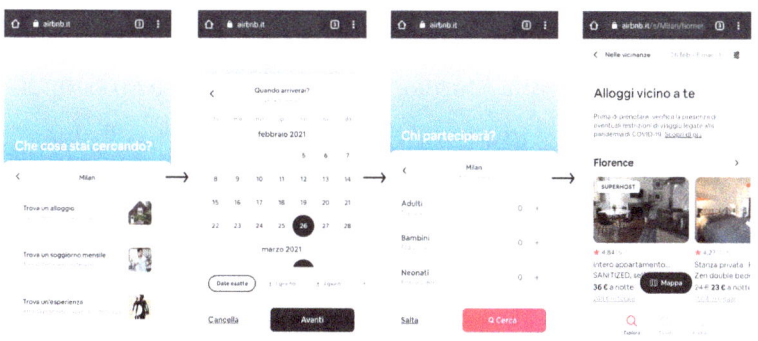

*La ricerca di un appartamento
nella versione responsive del sito web Airbnb.com.*

È il caso di Airbnb, la cui ricerca è sicuramente fonte di guadagno per la piattaforma: statisticamente più utenti completeranno la ricerca, più troveranno case di loro gusto e dunque finiranno per prenotare di più. Per questo su mobile non può essere lasciata al caso e viene spezzata in ben quattro passaggi: prima inseriamo il posto dove vogliamo e nota come il 100% dello schermo viene dedicato solo a questa decisione. Poi inseriamo la tipologia di appartamento che cerchiamo. Poi le date di check-in e check-out. Poi quante persone: solo adesso comincia davvero la ricerca. Questa scelta non è affatto scontata e per certi aspetti è contro-intuitiva: il numero di passaggi che facciamo fare all'utente aumenta, eppure lo aiutiamo ad avanzare un pezzetto alla volta anziché costringerlo a fare una valutazione più complessa.

La prenotazione su The Fork e U2

L'app nativa the fork fa una cosa simile quando l'utente decide di prenotare un tavolo: ci porta in un percorso fatto di quattro passaggi in cui viene chiesta la data, l'orario, il numero di persone, e poi la conferma di prenotazione.

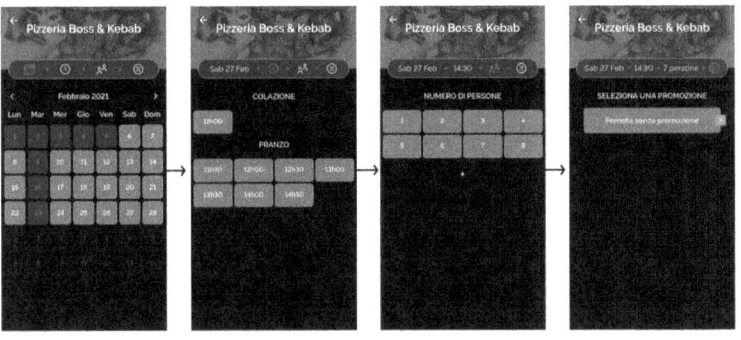

Il processo di prenotazione nell'app The Fork.

Ancora una volta: queste informazioni potrebbero essere tecnicamente inserite all'interno di una o due schermate, ma il problema come spesso accade non è tecnico, ma seguire lo schema mentale dell'utente.

Ragiona bene sul blocco di informazioni da presentare nella singola schermata. Anche l'app del supermercato U2 segue la stessa logica di The Fork ma, contrariamente all'esempio precedente, qui vediamo in una sola schermata sia il giorno che l'orario.

Ed è giusto che sia così.

Il processo di prenotazione della spesa nell'app U2.

L'utente che ha bisogno di ricevere la spesa a casa potrebbe averne bisogno nel pomeriggio, ma se gli orari disponibili non sono compatibili con i suoi impegni, magari potrebbe decidere di posticipare a domani, o a dopodomani.

Insomma la sua scelta non dipende esclusivamente dal primo giorno disponibile, ma anche dagli orari. Ecco perché le due informazioni vanno presentate assieme.

Momondo

Momondo è un sito web per prenotare aerei scegliendo tra tante compagnie diverse.

La homepage di Momondo.com.

Su desktop abbiamo un form complesso, dove dobbiamo indicare la città di partenza, di arrivo, la data di partenza e quella di ritorno. Queste informazioni fanno parte tutte dello stesso blocco logico. Una volta fornite tutte quante, il sito ci mostra delle soluzioni.

Sull'app mobile l'esperienza è molto diversa.

Nella prima schermata dobbiamo confermare di voler scegliere un volo, questo perché il servizio per la verità comprenderebbe anche hotel e auto a noleggio.

Questo è a tutti gli effetti un tap in più che l'utente mobile deve fare, una scelta che non sarà stata facile da prendere ma che probabilmente segue l'obiettivo di business del cliente, che è quello di estendere la ricerca non solo ai voli.

C'è da dire che l'app recupera il tap in più nella schermata successiva: prima localizza la mia città di partenza, facendoci risparmiare un tap. Dopodiché l'unica cosa su cui vuole farci prestare attenzione è la domanda: dove vuoi andare? Come vedi non c'è altro, sono forzato a rispondere solo a questa domanda. Scelgo la città e solo ora posso scegliere le date.

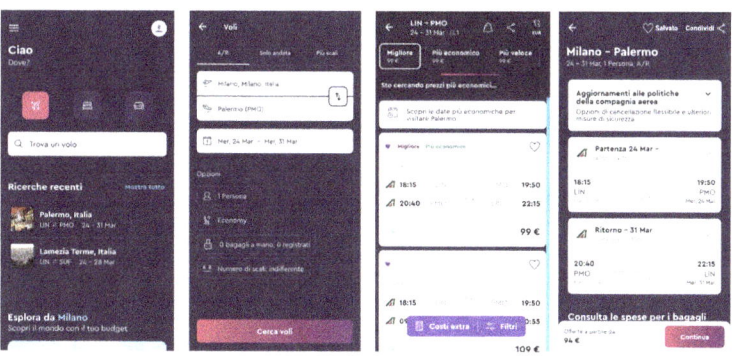

Il processo di selezione del volo nell'app Momondo.

Anche la seconda parte di esperienza è diversa tra la versione desktop e mobile. Su web l'esperienza è più diretta: vedo una lista di risultati, clicco sulla call to action e finisco sul sito della compagnia. Fine, non c'è altro.

Su mobile invece mi viene proposto di passare attraverso una schermata intermedia. Come mai accade questo? Probabilmente perché il sito sa quanto sia importante per me utente scegliere consapevolmente. Non solo, ma una volta scelto il volo andrei fuori dall'app e dunque andrei a finire su dei siti pieni zeppi di informazioni e magari non ottimizzati per mobile.

Per tutti questi motivi chi ha progettato quest'app ha pensato sia meglio costringere l'utente a soffermarsi qualche secondo in più nell'app, a costo di ritardare di un tap il suo funnel di acquisto, che far passare più utenti al passaggio successivo senza che questi siano veramente convinti del volo scelto.

Ricapitolando

La lezione quindi che ci dobbiamo portare a casa è questa: non dobbiamo aver paura di aumentare il numero di passaggi da compiere, a condizione che il numero di schermate aiuti l'utente a focalizzarsi sulla singola micro-scelta.

Esercizio: fai il restyling di un sito per voli

Abbiamo parlato di siti per prenotare voli, è arrivato il momento di farne la versione mobile! Missione difficile ma non impossibile. Scegli tra uno di questi famosi siti e fai il restyling della versione mobile con il tuo software di design preferito.

→ easyjet.com

→ ryanair.com

→ itaspa.com

→ flytap.com

→ vueling.com

→ swiss.com

→ airfrance.it

→ lufthansa.com

→ singaporeair.com

→ emirates.com

Per avere un feedback, posta il tuo esercizio all'interno del mio gruppo Facebook https://www.facebook.com/groups/uxdesignfriends.

Sopra la piega, sotto la piega

L'utente mobile fa scrolling? Per rispondere a questa domanda facciamo un salto indietro nel tempo. Tra gli anni '90 e 2000 si era aperto questo forte dibattito e si credeva che la maggior parte degli utenti non fosse abituato allo scrolling. Del resto venivamo da anni di software che installavamo da dei prestorici cd-rom dove non c'era granché da scrollare.

Questo dibattito aveva portato molti designer a concentrarsi sul cosiddetto spazio "sopra la piega" (o "above the fold"), quello cioè che vediamo su schermo prima ancora di fare qualunque tipo di scrolling.

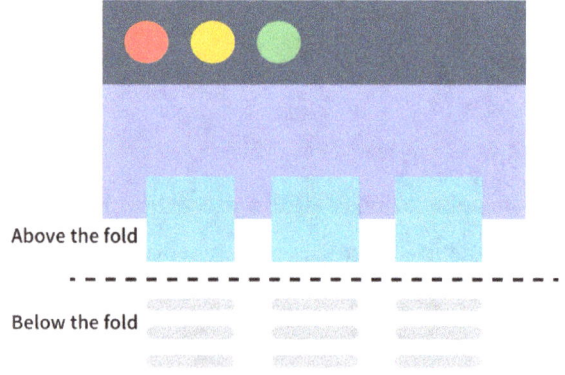

Al giorno d'oggi, dopo più di 20 anni di uso di internet, possiamo dire tranquillamente che l'utente sia perfettamente abituato a usare il suo bel ditino su questa rotellina del mouse e scrollare la pagina.

La cosa è ancora più ovvia su mobile e Facebook ci ha dato una grande mano in questo, perché tutti vogliono vedere il post successivo e il gesto di spostare la pagina è ormai diventata una palestra quotidiana per il nostro pollice.

Alla luce di tutto questo, perché mai dovrebbe ancora importarci di parlare di concetti come il sopra la piega? Perché qualunque utente, web o mobile che sia, giudica il valore di una pagina già nei primissimi secondi dalla sua apertura. E se aggiungiamo il fatto che metà degli utenti mobile comincia a fare scrolling entro i primi 10 secondi dal caricamento della pagina, questo vuol dire tantissimi utenti mobile si fanno un'opinione sulla base di ciò che vedono senza aver toccato nulla di quella pagina.

Il contenuto sopra la piega rimane quindi un'area determinante per qualunque sito web responsive o app mobile nativa e noi dobbiamo fare in modo che al suo interno ci siano tutti e dico tutti gli elementi essenziali che servono all'utente per compiere l'azione principale che noi vogliamo che lui faccia.

Ma i buoni propositi li lasciamo alle cose che si dicono durante i primi giorni dell'anno, qui invece ci becchiamo degli esempi concreti.

Livechat

Livechat è un servizio che ti dà la possibilità di assistere in tempo reale i tuoi clienti e la parte sopra la piega è un capolavoro di simmetria: un titolo, un sottotitolo, un'ampio spazio dedicato alla call to action e in fondo quasi fuori dallo schermo degli elementi che trasmettono fiducia.

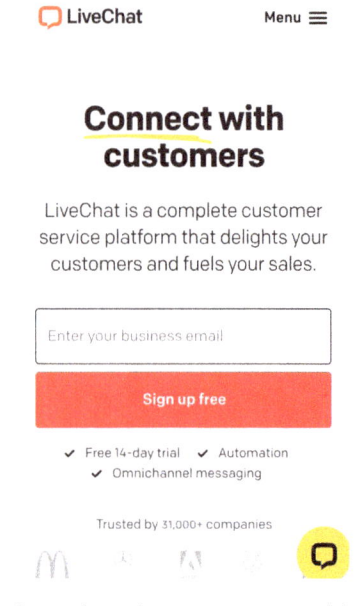

Il sito web Livechat.com, in versione mobile.

Non serve altro, tutto il resto della pagina è fatto da informazioni tutto sommato sacrificabili rispetto a ciò che vogliamo che l'utente faccia: iscriversi alla prova gratuita di 14 giorni.

Walmart

Walmart allo stesso modo presenta una scheda prodotto che ha tutto: un titolo, le valutazioni, l'immagine prodotto, il prezzo e il tasto acquista ora.

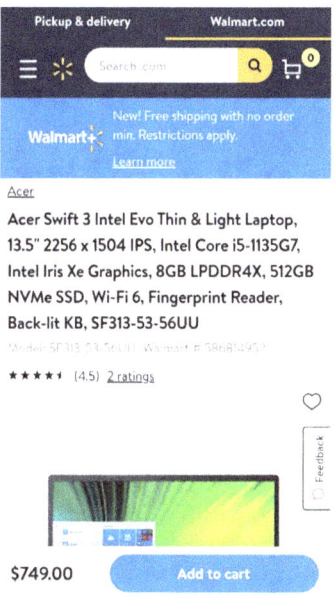

Una pagina dettaglio del sito Walmart.com.

Anche se ci sono almeno tre elementi qui che potrebbero essere ottimizzati: l'area in alto in blu non è determinante per l'acquisto eppure è molto evidente; c'è uno spazio negativo usato male; il pulsante laterale per i feedback dubito sarà usato su mobile.

Eventbrite

Eventbrite, che sia sito web responsive o app nativa poco importa: la scheda dettaglio di un evento sopra la piega ha tutto ciò che mi serve per decidere: titolo, immagine, prezzo, data, luogo, call to action.

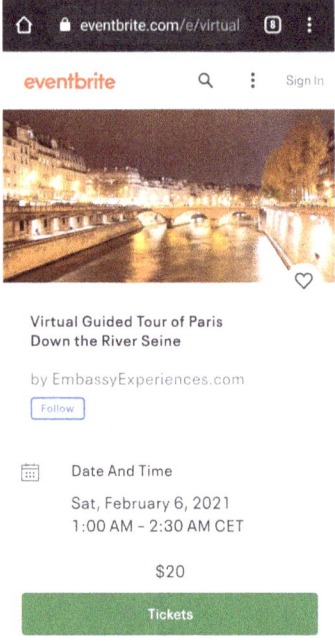

La scheda dettaglio di un evento nell'app Eventbrite.

Siti di meteo

Qual è l'obiettivo principale dell'utente che naviga su mobile siti di meteo? Be' a vedere i siti di meteo la risposta sembrerebbe: dipende.

3bmeteo.com mostra una pagina super affollata con un articolo in evidenza. Ilmeteo.it non fa molto meglio. È giusto, è sbagliato? Non conosciamo le statistiche del loro sito per dare un giudizio definitivo, quello che sappiamo è che non tutti la pensano così e chi ha progettato Accuweather pensa invece che chi visita un sito di meteo lo fa per sapere la temperatura in cui si trova, punto.

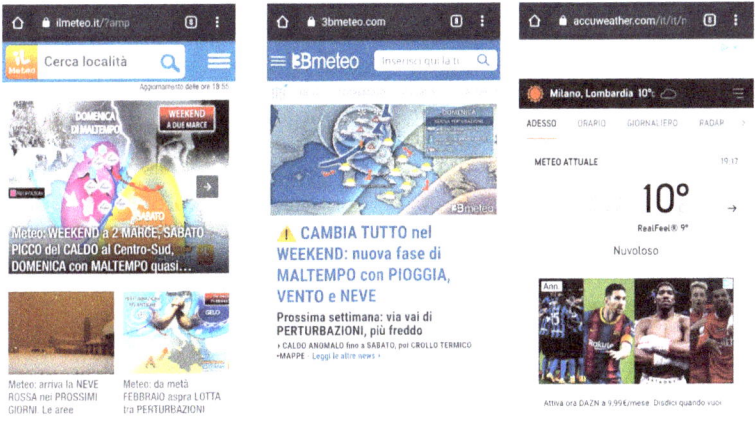

A sinistra ilmeteo.it, al centro 3bmeteo.com, a destra accuweather.com. Chi dei tre comunica ciò che l'utente si aspetta di trovare?

Ecco perché il 50-60% dello spazio sopra la piega del sito Accuweather.com è dedicato a questo, senza altre inutili informazioni. Le altre due aree sono dedicate all'obiettivo di business del cliente ed ecco perché ce le ritroviamo sopra la piega.

Google Play

Anche le app mobile native ragionano così: prendiamo una qualunque scheda dettaglio di Google play: sopra la piega abbiamo il nome dell'applicazione, il nome dell'azienda produttrice, tre statistiche che dovrebbero servire a supporto della call to action principale che è scaricare l'app, una gallery e per ultimo, solo per ultimo, la descrizione dell'app, che è visibile solo dopo un tap.

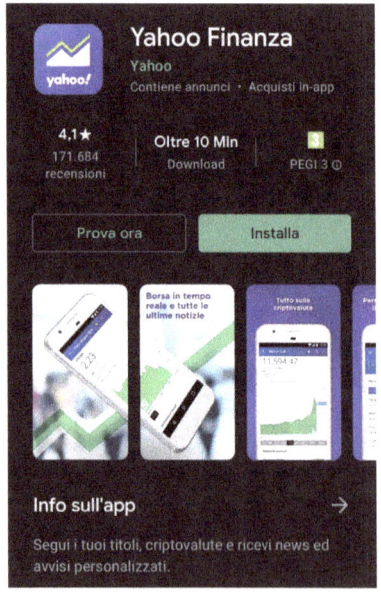

Google Play dedica gran parte dello spazio al titolo dell'app, alla call to action principale e a qualche statistica.

Osserva quanto spazio dello schermo viene dedicato alle informazioni principali. Se ci pensi, queste informazioni avrebbero potuto essere disposte in modo più uniforme, ma non è la quantità del contenuto a dettare la costruzione in questo layout; al contrario qui c'è una scelta gerarchica precisa su cosa è essenziale che l'utente legga davvero.

Telepass Pay

L'app Telepasspay dedica il 60% dello schermo principale alla mappa.

L'app Telepass pay lascia gran parte dello spazio dedicato alla mappa, perché sa che gran parte dello sforzo cognitivo dell'utente sarà dedicato a una sola cosa: capire se il pin nella mappa corrisponde esattamente al posto in cui ha lasciato la macchina. Questa è una fase delicata della customer journey dell'utente, che potrebbe facilmente spazientirsi se non trova subito una corrispondenza. Ecco spiegato il perché questa mappa prenda così tanto spazio su questo schermo.

Il menu sotto avrebbe molte altre voci di menu da mostrare, ma tutto sommato le quattro che vediamo senza fare alcuna azione sono quelle che probabilmente il 70, 80, 90% degli utenti usa più spesso. Tutte le altre sono a distanza di uno swype.

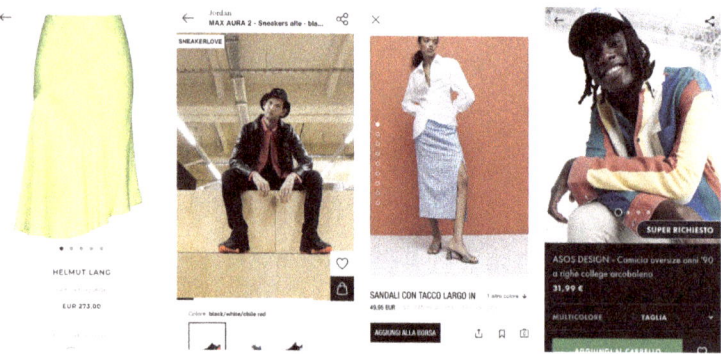

*Da sinistra a destra: l'app di Yoox, Zalando, Zara, Asos.
Ognuno con la sua visione di cosa vada "sopra la piega".*

Nel mercato vengono introdotte ogni anno 4.000 nuove dimensioni di schermi che magari hanno anche delle piccolissime differenze in termini di pixel, ma che comunque sono rilevanti quando giochiamo al pixel per decidere se mettere o no un contenuto sopra o sotto la piega. Quindi occhio a non prendere delle misure con l'iPhone "grosso più grosso" o il cellulare android gigantesco che in quanto nerd hai appena comprato, perché è molto probabile che quella non sia la dimensione dello schermo più diffusa tra i tuoi utenti. Altrimenti finirai per fare lo stesso errore dell'app Zalando che, per una manciata di pixel, nel mio smartphone non riesce a mostrare la call to action principale sopra la piega, che è come cadere rovinosamente per terra a pochi passi dal traguardo.

Touch Hierarchy

In questo capitolo parliamo di pollici, e i pollici, signori miei, sono una cosa meravigliosa.

Ci permettono di prendere la mira quando dobbiamo battere un martello su un chiodo (non che io abbia esperienza diretta), di fare l'autostop e di esprimere un inequivocabile segno di vittoria e approvazione e ultimo per importanza pare che il pollice sia il dito che ci differenzia dagli animali.

Tutto questi vantaggi dovevano avere un prezzo da pagare e il prezzo è: il pollice ha un raggio di movimento molto piccolo. Questo non sarebbe un grosso problema se non fosse che, come abbiamo visto, l'85% degli utenti usa proprio il pollice come strumento di altissima precisione per navigare le pagine. E questo, mio caro designer, cambia tutto quello che sapevamo sulla disposizione degli elementi in una pagina.

Nel mondo desktop infatti potremmo dire che sono due i criteri che usiamo per disporre gli elementi sulla pagina.

→ Il primo è quello logico. Ci chiediamo: che cosa cerca l'utente? Qual è l'informazione che deve leggere per poter decidere di andare avanti con la lettura?

→ Il secondo riguarda invece il modo in cui l'utente è abituato a leggere le informazioni. Possiamo chiamare questo modo di disporre gli elementi col nome di "gerarchia visuale", dato che diamo un ordine ben preciso agli elementi disposti sulla pagina.

Su mobile invece ciò che detta ogni legge è il modo in cui tocchiamo lo schermo, che generalmente è il nostro pollice. E quando afferriamo un cellulare il nostro pollice parte dall'angolo in basso a sinistra o a destra e copre solo una parte dello schermo: lì è più probabile che l'utente userà il suo bel ditino per tappare su qualche elemento.

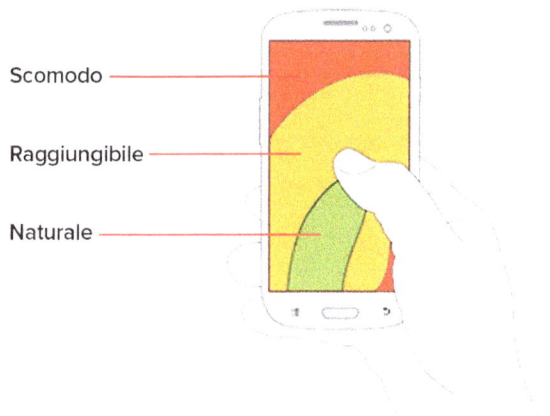

Certe aree dello schermo non sono adatte ad essere raggiunte dal nostro pollicione.

Ecco perché quella è l'area in cui troviamo sempre i pulsanti principali, per esempio la call to action, la navigazione primaria o i contenuti in evidenza.

 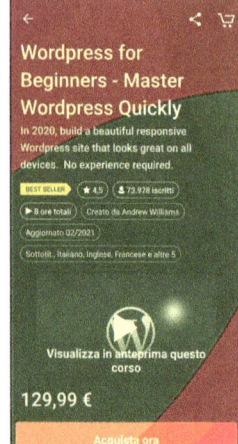 

La parte in verde è sempre quella in cui troviamo le principali azioni da compiere.

In generale tutta la parte in alto dovrebbe essere dedicata a contenuti informativi, dove se non arriva il dito può almeno arrivare l'occhio, oppure ad aree tappabili ma non legate all'obiettivo di business.

All'area più in alto, quella più scomoda da raggiungere, dobbiamo delegare elementi come come la ricerca, gli hamburger menu, le notifiche, il profilo o il tasto indietro. O addirittura a zero contenuti: se non abbiamo niente di utile da mettere, dobbiamo avere il coraggio di non mettere nulla, come fa la ricerca avanzata di Airbnb.

Tutte le volte che l'utente farà tap su questi pulsanti dovrà compiere un movimento innaturale per le sue dita. Per carità, non gli stiamo certo chiedendo di slogarsi un polso, ma in ogni caso questo tipo di movimenti non dovrebbero essere continui, altrimenti finirà per stancarsi presto del nostro sito o app.

C'è da dire che, mentre siamo abituati a vedere dei tab menu in basso in moltissime app native, la cosa è molto meno diffusa nei siti web responsive, anche se ci sono delle eccezioni.

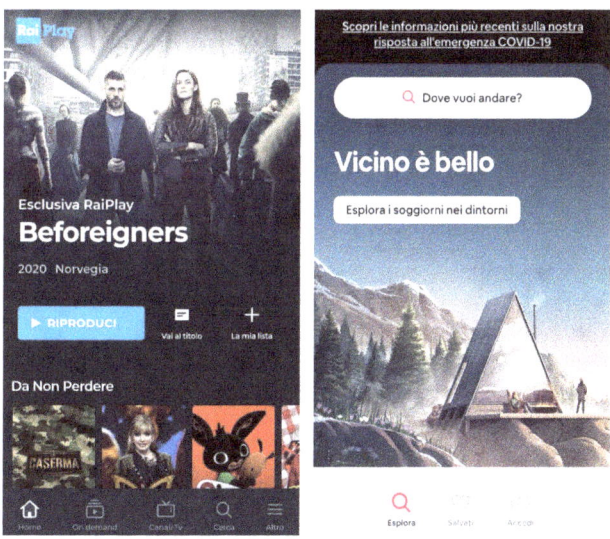

La navigazione in basso (bottom navigation bar) in alcuni siti responsive.

C'è infine un ultimo dettaglio che fino ad ora abbiamo omesso, ma che è il caso di prendere in considerazione. Il nostro amico pollice non è solo il dito con un range di movimento più limitato rispetto a tutti gli altri, ma è anche quello più grosso. Ne parliamo nel prossimo capitolo.

Le dimensioni contano

Se nel mondo desktop ci piace lavorare di fino, con questi pulsantini carini, luccicanti e piccoli, su mobile no. Su mobile dobbiamo esagerare, ignorare di avere delle dita affusolate e sottili, smettere di lamentarci che avremmo potuto fare i pianisti nella vita e disegnare per lui, signore e signori: il pollice grasso, o in inglese *fat finger*.

Ebbene sì, lo strumento con il quale l'utente usa la nostra interfaccia ha delle dimensioni variabili che non hanno nulla a che fare con la tecnologia ma con madre natura. Per questo motivo la regola da seguire è: disegna per il pollice più grosso che la tua mente possa immaginare. Ok, ma quanto grosso? Per gli amanti dei dati esatti, il numero consigliato dalle guideline di Apple è 44 pixel, mentre per android parliamo di 48 pixel ma io ti consiglio di raddoppiarli come minimo. Questo perché la maggior parte dei pollici in circolazione è l'equivalente di 72 pixel. Ma ti dirò di più: quando premiamo un pulsante largo esattamente quanto il nostro dito finiamo per nasconderlo del tutto e questo è un male perché non abbiamo la certezza che stiamo effettivamente premendo la cosa giusta nel modo giusto, specie se stiamo usando un'interfaccia digitale dove non c'è alcun'altra sensazione fisica che ci possa far capire quello che stiamo facendo.

Ma, al di là dei numeri che lasciano sempre il tempo che trovano, il punto è che il nostro obiettivo deve essere quello di rendere la sensazione del tocco piacevole e comoda. L'utente non deve guardare il nostro pulsante e avere anche solo per un attimo paura di sbagliare, perché se questo succede stiamo facendo abbassare il tasso di conversione. E dato che alla fine della fiera quello che vogliamo dall'utente è quasi sempre un atto di fiducia – un'email, un acquisto, una prenotazione – noi dobbiamo fare il possibile per non minare mai il rapporto che abbiamo creato con lui.

Facciamo qualche esempio.

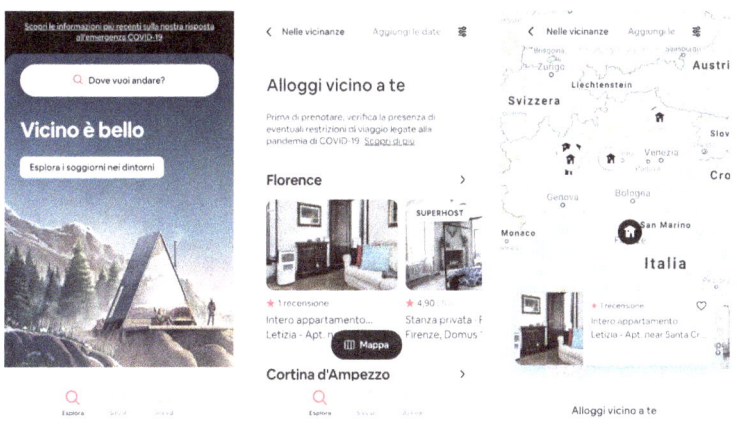

*Non c'è un solo pulsante su Airbnb.com
che non sia a prova di pollice grasso.*

Ancora una volta Airbnb fa un ottimo lavoro. In tutto il sito non esiste un link tappabile che non sia di fatto un pulsante: a partire dal tasto enorme in alto, le card, la bottom navigation bar. I tasti "avanti" durante la ricerca ci insegnano che, quando non è possibile fare un tasto alto per mancanza di spazio, allungare la sua forma può aiutare a renderlo più comodo. E anche quando andiamo a finire sulla mappa, dove i pin cominciano a essere difficoltosi da tappare, la navigazione a card in basso risolve questo problema.

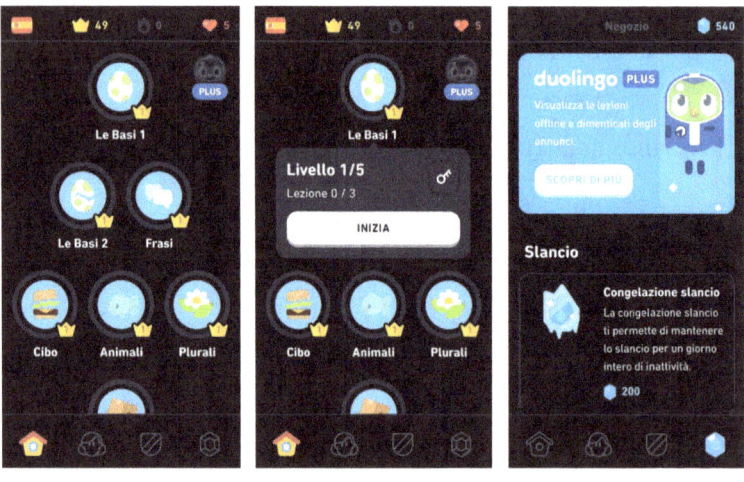

Prova a sbagliare un tap nell'app Duolinguo, se ci riesci.

Un altro buon esempio è l'app Duolingo: su quest'app tutto è gigantesco: le icone in basso, gli elementi nella pagina, i tasti. Imparare una lingua è una cosa che annoia facilmente: per questo motivo l'interfaccia non può permettersi alcun tipo di scomodità.

Ci sono anche degli esempi negativi.

L'onboarding dell'app Wikipedia presenta un pulsante avanti troppo piccolo e troppo vicino al bordo per poter essere comodo.

I tasti "registrati" e "accedi" nell'app pocket sono a una distanza troppo ravvicinata.

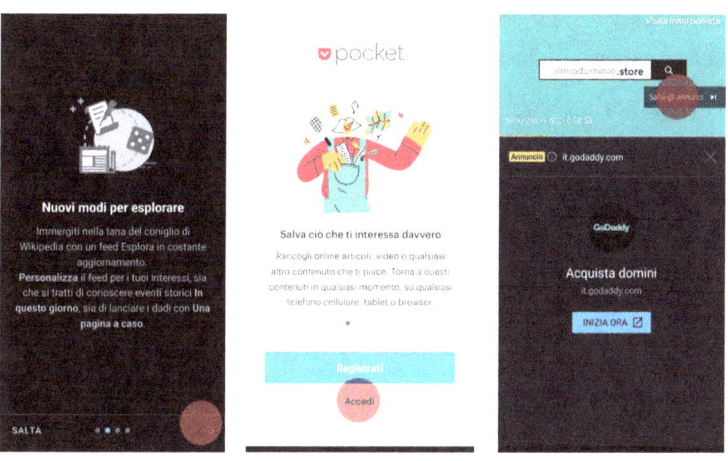

In questi esempi il nostro pollice (area rossa)
è ben più grande dell'area tappabile,
al punto da sconfinare su altre aree tappabili.

A volte l'uso di aree tappabili così striminzite è una scelta strategica, come ad esempio il pulsante "Salta l'annuncio" di Youtube che cerca volutamente di indurci all'errore.

Ma prima che cominci a creare interfacce piene di icone da 72 pixel, ho qui subito un consiglio da designer sgamato che è: non possiamo rispettare sempre nel 100% dei casi questa regola. E allora che si fa? Si fa che facciamo una distinzione tra pulsanti più usati e meno usati, tra quelli che sono strettamente legati con la conversione della pagina, per esempio la call to action, con tutti gli altri, e questo vuol dire che non esistono call to action che non rispettino questa regola.

Un'altra soluzione è quella di aumentare l'area sensibile al tap, prevenendo il possibile errore dell'utente. Per esempio anziché mettere un'icona di ricerca gigantesca, possiamo sempre mantenerla piccola, ma ci assicuriamo che l'area tappabile sia più grande di quella visibile, e questo è tecnicamente facile da ottenere sia nei siti responsive che nelle app native.

La prossima volta che devi creare un pulsante, chiediti quanto esso sia importante per l'obiettivo di business del cliente o quanto sarà usato quel pulsante rispetto agli altri: maggiore sarà la sua importanza, maggiore dovrà essere la sua dominanza.

Insomma, nel mobile le dimensioni contano, ma in alcuni casi anche di fronte a un pulsante grande, l'utente potrebbe comunque essere indotto all'errore. E questo succede quando accanto a quel pulsante c'è un altro pulsante. Ne parliamo nel prossimo capitolo.

Esercizio: fai il restyling di Kijiji

Kijiji era un sito molto in voga negli anni 2000, che col tempo si è probabilmente rassegnato a soccombere il predominio di Subito.it. Ad ogni modo il sito è ancora online e avrebbe bisogno di un restyling. In particolare, la versione mobile soffre di un problema di dimensioni: tutti i link presenti nella pagina sono davvero difficili da cliccare. Vai su kijiji.com e proponi la tua versione mobile.

Per avere un feedback, posta il tuo esercizio all'interno del mio gruppo Facebook https://www.facebook.com/groups/uxdesignfriends.

Attenzione al sovraffollamento

Per la serie "le notizie brutte non arrivano mai da sole", non solo i pulsanti piccoli sono quelli meno usati, ma quando l'utente fa un tap su un'area anche solo leggermente sovraffollata, il rischio di tappare il link sbagliato è altissimo. E il problema è ancora più sottile di così, perché anche se l'utente riesce a evitare l'errore, il solo doversi sforzare di centrare il link giusto, già questo è un problema di UX dato che gli stiamo trasmettendo un senso di scomodità. Qualche esempio?

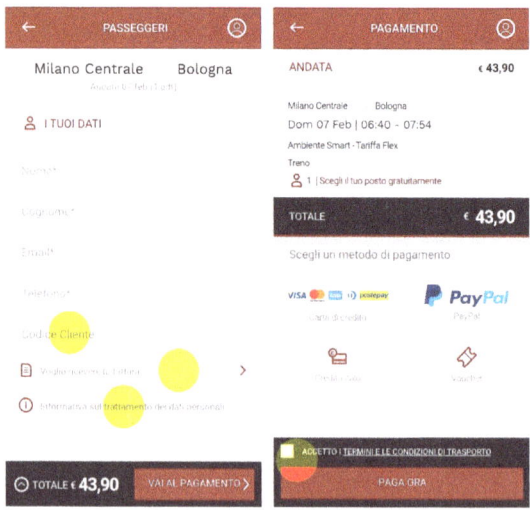

Il mio dito (in giallo) VS l'app Italo Treno.

I form sono tipicamente i luoghi in cui si rischia di mettere troppa carne al fuoco, come nell'app di Italo Treno per esempio, in cui abbiamo tre aree tappabili una sotto l'altra di dimensione variabile e persino caratterizzate in modo diverso, così da rendere poco chiaro cosa sia tappabile e cosa no. Questo non ce lo possiamo permettere; ogni volta che l'utente avrà dei dubbi su come e quale area premere, noi avremo fatto male il nostro lavoro. Come dimostra anche la seconda schermata, dove il tasto "Paga ora" è pericolosamente vicino alla checkbox obbligatoria, nonostante sia di certo la call to action più importante di tutta l'app e dunque meritevole di una maggiore attenzione.

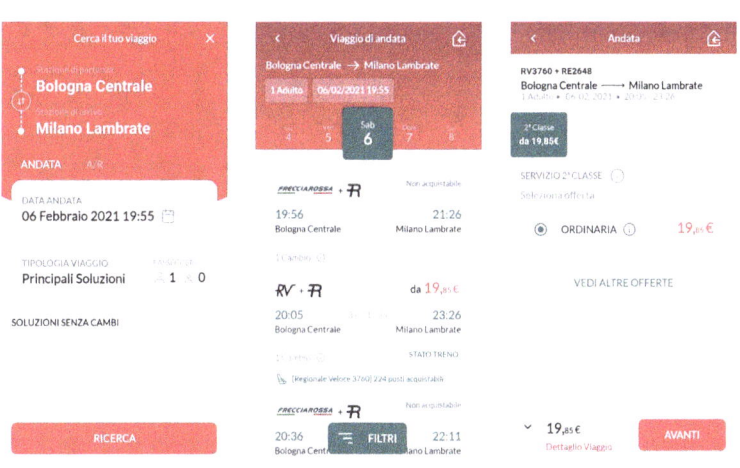

Nell'app Trenitalia ogni elemento ha un buon margine dalle altre aree tappabili attorno.

Un ottimo lavoro viene invece svolto, giusto per rimanere in tema, dall'app Trenitalia, dove qualunque area tappabile ha un grande margine attorno a sé, rendendo molto naturale e piacevole la navigazione.

Le mappe

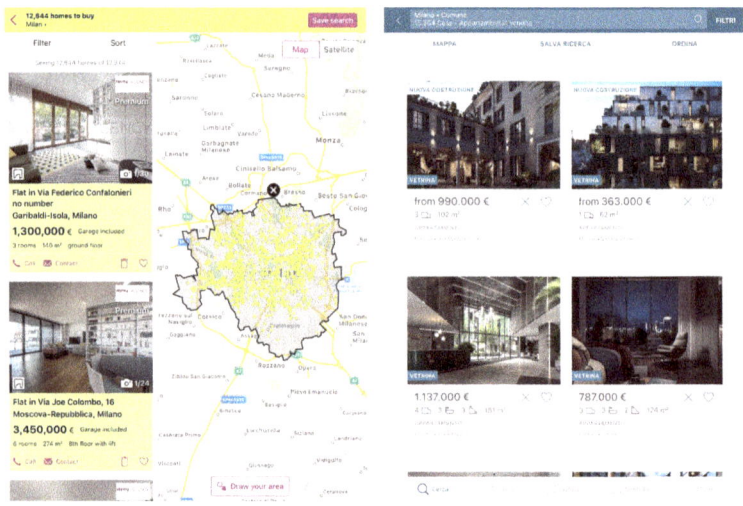

*A sinistra, la visualizzazione lista+mappa dell'app Idealista,
a destra quella solo lista dell'app immobiliare.it*

Le mappe sono le regine indiscusse quando si parla di sovraffollamento. Quando mostriamo troppi pin o punti di interesse all'interno di una mappa diventa davvero difficile districarsi tra zoom pinch e tap. E se per le app native le mappe possono essere un problema, lo sono molto di più su un sito responsive. Per questo su mobile la modalità mappa è spesso una funzionalità avanzata non raggiungibile se non con qualche tap in più. Se non addirittura assente, come in The Fork.

Uno studio del solito Jacob Nielsen non ha dubbi al riguardo: nonostante quella delle mappe sia un'interfaccia "sexy", durante i test sul campo gli utenti che usavano la modalità "lista" completavano più facilmente le task che venivano assegnate loro.

La lezione che ci portiamo a casa quindi è: le mappe sono belle da vedere, un po' difficili da navigare e dunque andrebbero usate con cautela.

L'app per tablet di Casa.it ti costringe alla visualizzazione landscape.

La versione tablet dell'app Immobiliare.it ha il compito di mostrarci gli annunci di case in affitto o in vendita. Conoscere l'esatta posizione è uno dei dati più importanti per la ricerca di una casa, eppure qualche anno fa ha abbandonato la visualizzazione in primo piano della mappa a favore di una visualizzazione a lista, che permette di visionare più appartamenti con meno scrolling. Si tratta di una mossa coraggiosa questa, che spezza le abitudini dell'utente medio in favore di una user experience che, statisticamente, porterà l'utente a trovare più velocemente ciò che cerca.

Immagini grandi, schermi piccoli

Su desktop siamo abituati a usare immagini enormi, pensa per esempio a tutte le hero image che hai visto praticamente su ogni sito in cui sei entrato oggi. E la soluzione adottata da moltissimi designer per rendere responsive un sito è quella semplicemente di ridimensionare l'immagine e farla entrare all'interno di uno schermo più piccolo. Questo sulla carta può funzionare, ma nella pratica non è così scontato.

Uno schermo più piccolo vuol dire meno spazio sia per l'immagine sia per il testo. Se il testo è contenuto nell'immagine, su mobile le dimensioni non rimangono costanti, così finiamo con l'avere testi bianchi che finiscono su uno sfondo bianco, o dei testi che coprono il prodotto da vendere, o composizioni di immagini che su desktop hanno un buon equilibrio e che su mobile risultano disordinate. È davvero facile fare questo errore e lo commettiamo ogni volta che progettiamo una versione desktop e solo dopo cerchiamo di adattarla alla versione mobile.

Un altro problema spesso sottovalutato è che le immagini rendono la pagina più lunga da scorrere, portando verso il basso il contenuto principale che è importante che l'utente legga.

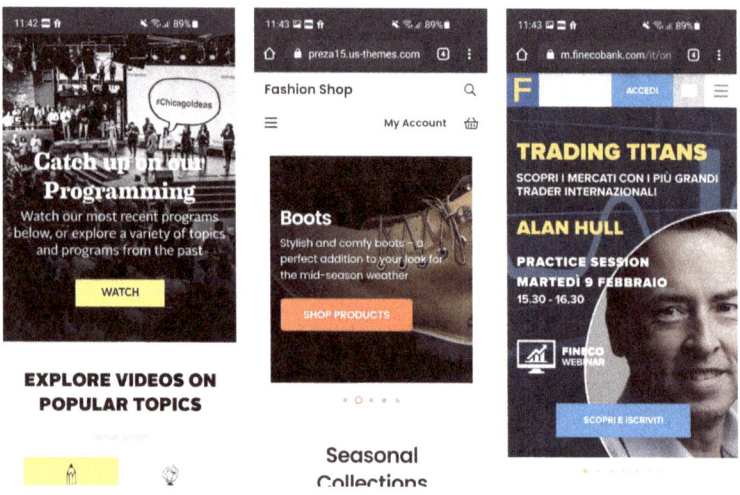

Alcuni problemi delle immagini su mobile.

A volte può diventare difficile capire a quale testo appartiene l'immagine, se quella in basso o quella in alto e l'utente deve ricorrere di più alla memoria per fare questo collegamento.
Insomma, ecco perché le immagini hanno bisogno di un'attenzione speciale quando facciamo un design che andrà finire su schermi di diversa dimensione.
E quali sono le possibili soluzioni che abbiamo a disposizione?
→ La prima: quando consideriamo un layout mobile chiediamoci: ma questa immagine è di valore? perché se non lo è allora su mobile va eliminata. Fa così thefork.it, easyjet.com, Ebay, Zoom.
→ La seconda: usa delle immagini che contengono tanto spa-

zio negativo.

Fa così intesasanpaolo.com, siteground.com, adobe.com, office.com.

Un ottimo modo di implementare lo spazio negativo su Office.com.

→ La terza: evita del tutto il testo all'interno dell'immagine e usa due colonne al 50% dello schermo, come fanno per esempio avaya.com, ads.google.com.

→ La quarta, che è probabilmente la migliore ma anche quella più dispendiosa in termini di progettazione e sviluppo: cambia o semplifica la struttura della pagina su mobile. Fa così udemy.com, afronation.com, auditorium.com, istockphoto.com.

Insomma, ogni volta che inserisci un'immagine su un layout chiediti cosa farne su mobile: se trasformare il layout, usare una versione semplificata o toglierla.

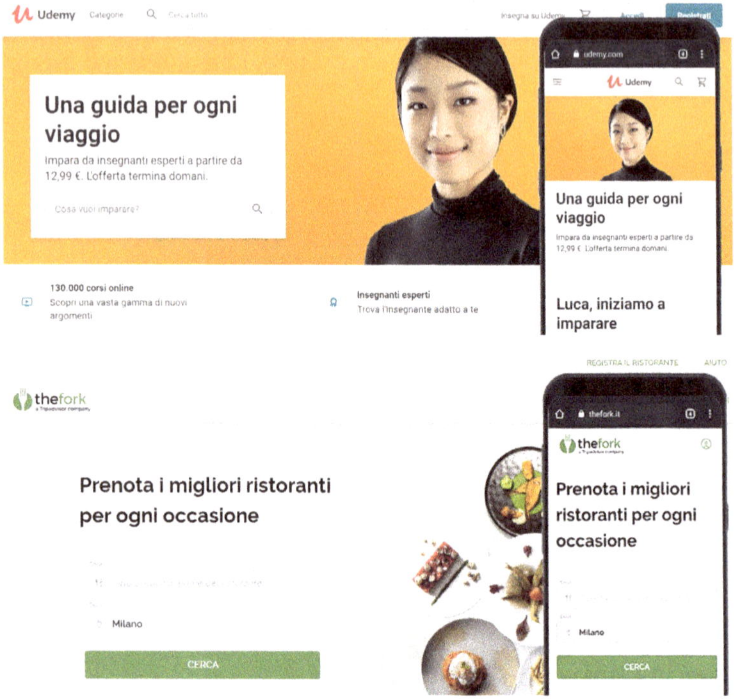

*Udemy.com e Thefork.it cambiano il layout,
riposizionando o togliendo del tutto l'immagine nella versione responsive.*

Esercizio: fai il restyling di LibreOffice

Abbiamo parlato di Office365, ti chiedo adesso di fare il restyling della versione mobile di un software simile open source: LibreOffice. Vai su <u>https://bit.ly/libreoffice-mobile</u> e proponi la tua versione. Osserva come la parte sopra la piega presenta diversi problemi con il testo e le immagini in background.

Una volta finito, posta il tuo esercizio all'interno del mio gruppo Facebook https://www.facebook.com/groups/uxdesignfriends.

Mai lasciare usare la tastiera

Ok, partiamo da questo semplice presupposto: scrivere su un cellulare fa schifo.

Non trovo un altro modo per dirlo: è scomodo, ci costringe spesso a usare entrambe le mani, dobbiamo concentrarci molto, isolarci dall'ambiente fisico in cui ci troviamo e nonostante questo è facile finire per fare qualche errore.

Ecco perché quando disegniamo un interfaccia mobile dobbiamo evitare il più possibile di far comparire la tastiera virtuale.

Bel principio che come al solito si scontra con la realtà: per esempio, come facciamo a non far apparire la tastiera se l'utente deve fare una ricerca? Probabilmente non si può, ma di certo possiamo limitarne l'uso. Come? Facciamo come sempre qualche esempio.

Possiamo precompilare i campi di un form con dei valori che verosimilmente sono quelli che l'utente sceglierà. Funziona così Eventbrite, che durante la ricerca di un evento ci aiuta con una preselezione dei giorni che potrebbero interessarci.

Thefork.it ti suggerisce delle ricerche non solo sulla base di quelle che hai fatto recentemente, ma anche quelle più diffuse in tutta la piattaforma e fa così anche Skyscanner o Airbnb.

L'app Deliveroo inserisce un pulsante che fa un controllo del nostro GPS per inserire il valore all'interno del campo del form.

Ricorda sempre che un suggerimento anche solo potenzialmente utile è sempre meglio che nessun suggerimento, e questo vale anche per l'app dell'Ikea, dove l'esempio che mi viene consigliato non risolve in alcun modo il problema di digitazione.

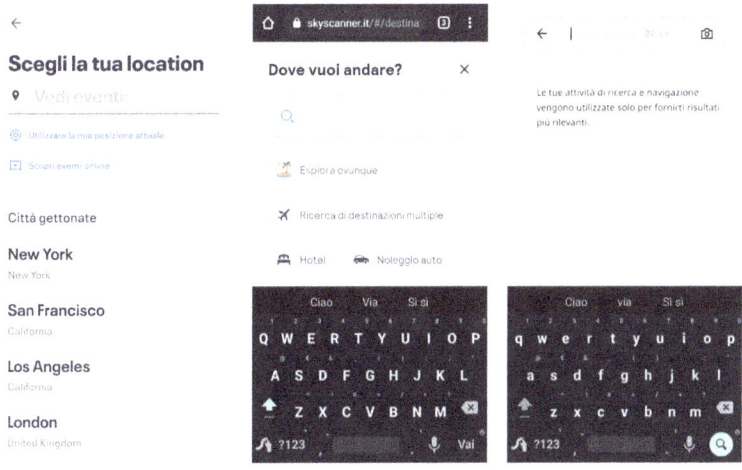

A sinistra Eventbrite; al centro Skyscanner.it, a destra l'app di Ikea: ecco come gestiscono la ricerca dell'utente.

Cerca quindi di completare questi campi con il dato che statisticamente può essere rilevante per l'utente: mi raccomando al concetto di "statisticamente rilevante per l'utente": osserva il suo comportamento all'interno del sito. Puoi sapere quali sono le esatte parole che cerca in un campo di ricerca presente sul sito grazie a Google Analytics (Comportamento>ricerca su sito). In alternativa puoi organizzare delle interviste con gli utenti finali.

Quando cerchiamo la stazione di partenza nell'app Italo treno appare una lista di città e, come primo risultato, "Agropoli", una cittadina di 21.000 abitanti dove il servizio Italo non arriva nemmeno. Sebbene mostrare un elenco di città in ordine alfabetico tecnicamente non sia sbagliato, di fatto questo modo di procedere non solo costringe l'utente a digitare il nome della stazione, ma lo induce anche all'errore. Meglio invece mostrare una lista delle stazioni più usate nell'app, almeno finché non veniamo a conoscenza della posizione gps dell'utente.

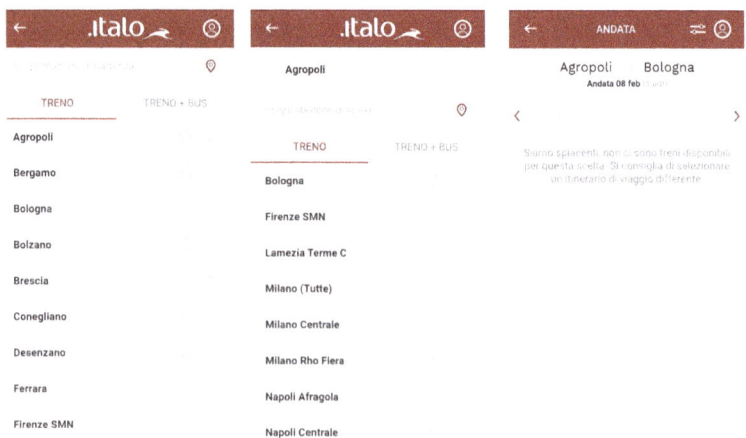

Se tappo i primi due risultati dell'app Italo Treno vado a finire in un vicolo cieco.

Per lo stesso motivo dovremmo evitare di farlo arrivare facilmente a una pagina senza risultati e, se proprio non possiamo farne a meno, dovremmo inserire un testo per aiutarlo ad allargare la propria ricerca o suggerendo delle stazioni alternative, magari le più vicine possibile ai luoghi selezionati, anziché costringerlo a tornare indietro e a ripetere la ricerca da capo.

Il processo di registrazione

Anche se usare la tastiera su mobile fa schifo, ci sono certe sezioni in un'app dove non possiamo proprio evitarlo: è il caso della registrazione. E se da un lato un'app ha bisogno di avere sempre nuovi utenti registrati, dall'altro l'utente vuole poter navigare i contenuti senza dover lasciare i suoi dati, soprattutto se è in una fase iniziale. Una fase in cui e prima di lasciarci la sua email vuole capire se ne valga davvero la pena. Cosa si fa in questi casi? Scopriamolo insieme in nove semplici consigli.

1. Scegli il momento giusto

Soprattutto nelle app mobile native possiamo essere tentati di chiedere subito all'utente di registrarsi. Questo può aver senso per app usate da milioni di utenti come Facebook, Twitter, Whatsapp, ma se il tuo cliente non rappresenta un brand così famoso allora chiedere subito la registrazione è come chiedere il numero di telefono a una ragazza che hai appena visto in un bar. Conosco gente che riesce in questa impresa dopotutto, ma nel nostro caso abbiamo bisogno di molti più utenti perché l'app che stiamo realizzando sia un successo. Per questo il momento migliore per chiedere all'utente di registrarsi è farlo un attimo prima di una sua azione.

Vuoi salvare un contenuto tra i preferiti? Registrati.

Vuoi mandare un messaggio? Registrati.

Vuoi completare l'acquisto? Registrati.

2. Sottolinea il motivo per cui deve iscriversi

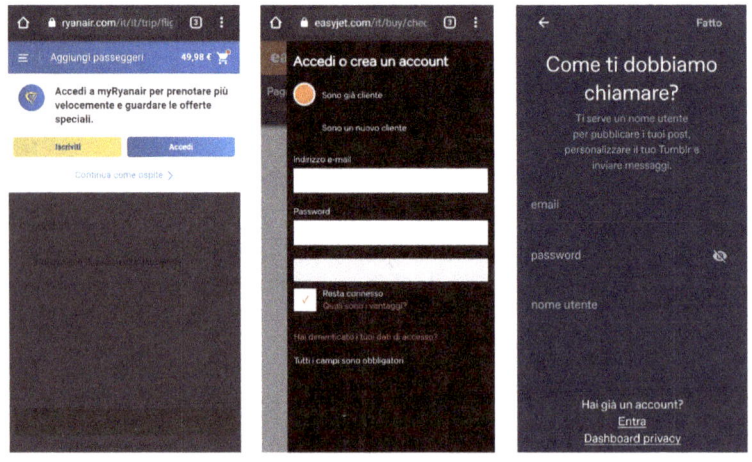

*Ryanair, Easyjet e Tumblr
ci spiegano perché dovremmo registrarci.*

La richiesta di registrazione è il momento più delicato di tutti e anche quello in cui l'utente può essere contrariato o incerto. Per contrastare possibili dubbi può essere utile ricordare il motivo per cui l'utente dovrebbe registrarsi. Va bene farlo anche con pochissime parole o un link che rimanda a una schermata di approfondimento.

3. Progetta una procedura snella
Rendi la procedura di registrazione quanto più snella possibile. Per esempio usando i social login: l'utente può completare la registrazione con due o tre tap anziché digitare email e password. Un altro metodo molto efficace è la richiesta di un numero telefonico, come fa Dice.fm. Il numero di cellulare è un elemento identificativo di un singolo utente e al tempo stesso una di quelle cose quasi impossibili da dimenticare.

4. Usa solo i campi necessari
Inserisci nella schermata solo i campi strettamente indispensabili ai fini della registrazione e togli tutto il resto. E quali sono i campi veramente necessari? Di solito email e password, anzi se vogliamo essere precisi, prima l'email e solo dopo aver compilato questo campo, se quell'email è davvero nuova e non è un utente già registrato, ha senso mostrare la password.

5. Non richiedere password troppo complesse
Va bene la sicurezza, ma fai attenzione a non impostare dei parametri troppo elevati e finire così per chiedere password

di 10 cifre, con caratteri speciali, perché più la password richiesta è complicata, più l'utente sarà stressato nel doverne creare una memorabile. E questo può fare la differenza se non parliamo di un sito indispensabile o strafamoso.

6. Dai un accesso immediato

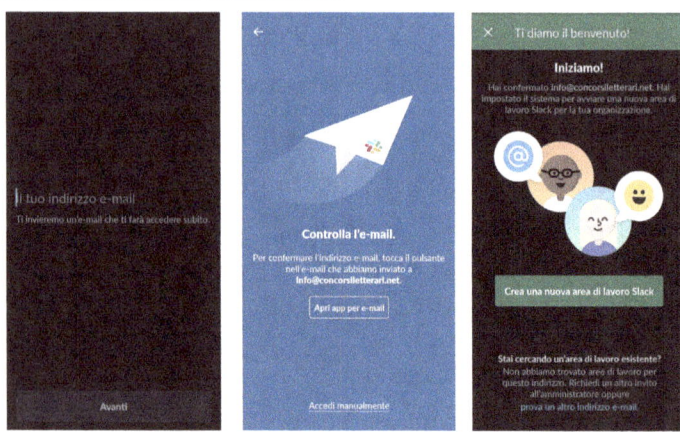

L'app Slack e il processo di registrazione incredibilmente efficace.

Una volta che l'utente inserisce i dati, la prima cosa che vuole è entrare. Puoi evitare di far confermare l'email, come fa Udemy.com.

Slack.com fa una scelta coraggiosa: per semplificare la fase di registrazione non chiede alcuna password durante la fase di registrazione, così l'utente può entrare nel sistema semplicemente cliccando su un link di conferma email. Durante la fase di login, l'utente non solo può richiedere di cambiare password, ma di ricevere un cosiddetto "link magico" via email. Ancora una volta, riesce ad accedere senza doversi ricordare alcuna password.

7. Dividi il processo di registrazione in più fasi.
Lo abbiamo visto prima con Linkedin: fai concentrare l'utente su una azione per volta così da alleviare il suo stress e moderare lo sforzo cognitivo.

8. Togli ogni distrazione
Quando la registrazione è aperta non dovrebbe esserci la navigazione standard, se non quella per passare da uno step a un altro, se è prevista. Lascia solo i campi che l'utente deve compilare e il tasto avanti o submit. Di solito ci sono due eccezioni: il tasto login e un eventuale pulsante di aiuto.

9. Scegli la tastiera giusta
Infine, se proprio dobbiamo far apparire la tastiera, facciamo in modo di fare apparire quella più pertinente: per esempio quella con solo i numeri, o contenente i simboli principali per l'email.

Insomma, la morale di oggi è questa: dobbiamo essere consapevoli che ogni volta che la tastiera virtuale spunta sul cellulare del nostro utente, stiamo creando un momento di stress, di panico, di incertezza nel migliore dei casi.

Cerca di farla comparire il meno possibile e, quando devi, crea il processo più semplice possibile. In bocca al lupo.

Responsive web vs app nativa

Ti invito a fare questa prova. Vai sul sito Imdb.com da mobile, Fatto? Ok, ora scarica l'app nativa. Fatto? Quante differenze noti tra le due versioni? Pochissime. E la domanda è… che senso ha usare un'app nativa quando il sito web responsive fa la stessa cosa? Lo sapevo: avevi cominciato questo capitolo pensando di sapere la differenza tra sito responsive e app nativa ma adesso non ne sei più così sicuro.

Ma quali sono i vantaggi di un sito responsive?

→ È disponibile a tutti

Un sito responsive è disponibile a tutti. Vai su google digiti il sito e navighi. Non devi scaricare niente, non devi preoccuparti se hai memoria a sufficienza per poter scaricare l'app, non devi aspettarne il download: queste non sono cose da poco conto se, come abbiamo detto, l'utente mobile è sempre di fretta.

→ È economico

Un sito responsive è decisamente più economico di un'app mobile nativa, sia nella creazione sia nel mantenimento.

Perche decidiamo di installare un'app?

Se un sito responsive ha così tanti vantaggi, perché allora dovremmo creare un'app mobile nativa? Troviamo la risposta a questa domanda osservando le app che abbiamo installato sul nostro cellulare. Chiediamoci: perché le abbiamo installate? Forse abbiamo installato l'app della banca, perché così è più facile controllare i bonifici che sono arrivati, oppure quelle di prenotazione di cibo come Just eat, Deliveroo o Thefork perché, dato che prenotiamo al ristorante almeno una volta a settimana, ci è più facile farlo dall'app nativa. Oppure abbiamo installato delle app social: Facebook, Instagram, Tiktok: il loro sito è talmente pieno di funzionalità che ci è più facile usarle su un'app mobile. O ancora quelle del meteo: vuoi mettere la mattina, con gli occhi che ti si appiccicano, a digitare la url del tuo sito di meteo preferito? E persino quelle dei quotidiani: Gazzetta.it, Repubblica.it, Il Corriere della Sera: persino per queste, se le consulti quotidianamente, potresti sentire l'esigenza di scaricare l'app.

Quando cominciamo ad andare più frequentemente su un sito web e vogliamo leggere le sue pagine ogni settimana o persino ogni giorno, l'efficienza con la quale possiamo usarlo diventa una feature. Essa assume un valore importante per noi e ne sentiamo un forte bisogno.

Più volte tendiamo a usare sempre lo stesso sito, più cominciamo a pretendere velocità, rapidità, facilità; non abbiamo mica tutto questo tempo da perdere e non vogliamo certo essere trattati come un utente qualunque.

Ecco perché pochi siti hanno davvero bisogno di un'app nativa, ma quei pochi che ne hanno bisogno hanno la possibilità di consegnare un gioiellino di alta tecnologia ai loro "superuser", utenti che conoscono benissimo quel brand, quel sito, che magari mandano un'email se qualcosa non va, se un'immagine non si carica, se il sito va giù, insomma diventano parte della famiglia, dell'azienda, dei beta-tester.

Quando si tratta di un'app nativa, l'efficienza è una feature: non dimenticarlo.

Perché disinstalliamo un'app?

Nel disegnare un'app mobile nativa il nostro compito è quello di creare un layout praticamente perfetto, dove ogni pixel, ogni spazio, ogni testo ha il compito di fornire all'utente solo l'informazione che cercava nel modo più veloce possibile, e questo vale molto di più che in un sito responsive, perché l'utente non ci perdonerà un caricamento lento, un'informazione di troppo, un tasto difficile da raggiungere.

Starò esagerando? Non credo proprio. Secondo uno studio della società di statistiche Localytics, il 26% delle app viene usato una sola volta prima di essere disinstallata. E quali sono i principali motivi per cui un utente disinstalla un'app? Procediamo in ordine inverso di importanza.

7° posto: non diamo alternative di registrazione

Al settimo posto troviamo questo problema: non diamo alternative valide all'utente che vuole registrarsi. Per esempio può farlo solo attraverso i social login o al contrario solo con il campo email. Ogni utente ha le sue preferenze ed è bene lasciare a lui la possibilità di scegliere il metodo di registrazione che preferisce.

6° posto: non garantiamo la privacy

Al sesto posto troviamo i dubbi legati alla privacy: ma quest'app non mi starà chiedendo troppe informazioni personali? Perché vuole sapere quanti anni ho? Perché mi chiede la carta di credito, l'iban o qualunque altro dato sensibile? Ecco perché molte app presentano delle schermate che spiegano la loro posizione sulla privacy dell'utente.

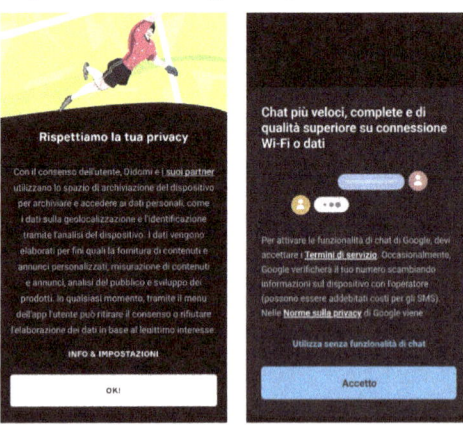

*Spesso le app ci informano della loro posizione
sui nostri dati sensibili fin dalle prime schermate dopo l'accesso.*

5° posto: troppa pubblicità

Al quinto posto: la pubblicità. Questo devo dire che vale anche per i siti responsive, ma su un'app nativa non è ammissibile: ho scaricato l'app, ho sprecato il mio prezioso tempo nell'attendere il download e ora cerchi di farmene perdere altro se faccio un tap sbagliato? I giochi gratuiti basano il proprio modello di business proprio su questo: da un lato l'utente ha un grande desiderio di giocare, dall'altro odia qualunque interruzione pubblicitaria. E se il desiderio di giocare diventa troppo alto allora sarà disposto a pagare pur di accedere a una versione senza pubblicità. Ma questo modello non vale solo per i giochi e anche qualche altra app, per esempio quelle di meteo, usano lo stesso meccanismo. Vuoi togliere la pubblicità? allora pagami.

4° posto: cattiva UX/UI

Al quarto posto abbiamo la cattiva UI/UX e direi che di questo ne abbiamo già parlato a lungo, quindi andiamo subito al punto successivo e passiamo al podio.

3° posto: tempi di caricamento

Al terzo posto abbiamo i tempi di caricamento. E tu mi dirai: ma io sono un designer, i tempi di attesa non sono un mio problema! Be', non è così. I tempi di attesa fanno parte dell'esperienza utente e anche se non possiamo disegnare un tempo di attesa, possiamo parlare col resto del team di sviluppo e chiedere dei tempi di attesa accettabili per l'utente finale e ovviamente realistici per la struttura tecnica con cui stiamo lavorando. Peggio ancora dei tempi di caricamento lunghi c'è solo un'app che crasha troppe volte: ti sembrerà strano ma anche questa fa parte della "user experience" e dunque responsabilità di chi si occupa di questo. Parleremo nel dettagli dei tempi di caricamento nel capitolo legato alle splash screen.

2° posto: onboarding troppo complicato

Al secondo posto: l'onboarding troppo difficile. Il 68% degli utenti cancellano l'app se questa gli sta chiedendo troppi passaggi o troppe informazioni per poter cominciare a usarla.

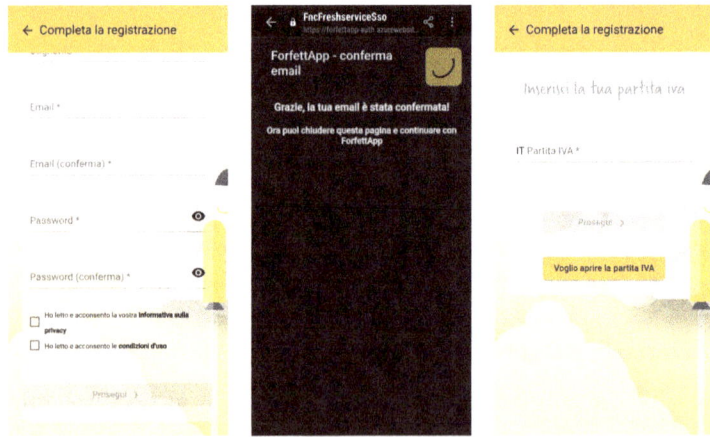

L'onboarding dell'app ForfettApp:
una registrazione piena di campi ripetuti
e link che rimandano su schermate senza uscita.

Come abbiamo detto l'utente mobile ha fretta, ha un obiettivo preciso in testa e vuole raggiungerlo nel modo più veloce possibile. Non ci sono compromessi su questo: o così, o l'utente scaricherà un'altra app che fa la stessa cosa.

1° posto: notifiche push
E al primo posto dei motivi per cui l'utente disinstalla un'app abbiamo le notifiche push. E ne parliamo nel prossimo capitolo.

Esercizio: rifai il processo di registrazione di ForfettApp

Abbiamo parlato di onboarding, eccone uno da rifare! Scarica le schermate su https://bit.ly/forfettapp-ui e fanne un restyling. L'app in questione si chiama ForfettApp e serve a gestire il proprio regime fiscale. Proponi il tuo design alternativo.

Una volta finito, posta il tuo esercizio all'interno del mio gruppo Facebook https://www.facebook.com/groups/uxdesignfriends.

Le notifiche push

L'amico perfetto è quello che ti lascia parlare, che ascolta le tue lamentele senza fiatare, e che senza nemmeno chiedere cosa vuoi ordina l'hamburgher che preferisci.

Allo stesso modo, anche da un'app ci aspettiamo qualcosa del genere: qualcuno che sa cosa ci piace e che ci propone solo ciò di cui abbiamo bisogno.

Tuttavia, come qualunque essere umano, ogni tanto la nostra amica app si fa prendere la mano e comincia a consigliarci qualcosa che mai avremmo voluto, in un momento in cui volevamo solo rilassarci: parliamo di notifiche push.

Le notifiche push sono la caratteristica numero uno delle app native che ogni marketer al mondo adora: l'idea di bombardare l'utente con dei messaggi che gli dicano cosa fare, se tappare, acquistare, cosare; il tutto inviando un messaggio senza alcun costo. Se questo non è il paradiso del marketing, ditemi allora cosa.

Ma non è tutto oro quello che luccica e a questo punto dovresti già sapere che, quando forziamo l'utente a fare qualcosa che vogliamo noi e non lui, la relazione è destinata a rompersi. E quando tocchiamo una cosa come la relazione, che è il cardine sul quale si basa ogni aspetto del nostro lavoro, allora rischiamo davvero di compromettere tutto.

Ma cos'è una notifica push? è un messaggio che si piazza al centro o in alto dello schermo e che prende la massima priorità su qualunque altra cosa, per il quale l'utente è obbligato a fermarsi, controllare, toglierlo di mezzo e continuare quello che stava facendo.

E come ha detto una volta in modo elegante un utente su twitter: «Se il mio culo sta vibrando, sarà meglio che ne valga la pena.»

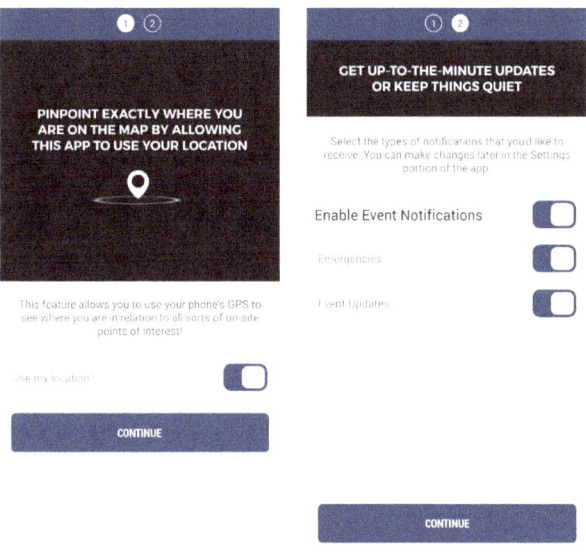

Durante la fase di onboarding, l'app The American Rodeo ci aiuta a decidere se e quali notifiche ricevere.

C'è da dire però che mentre per un utente una notifica può essere di troppo, per un altro magari la stessa notifica potrebbe capitare proprio nel momento giusto e convincere quell'utente ad acquistare sul serio. Quindi la domanda è: qual è il modo giusto per chiedere all'utente se vuole accettare di ricevere una notifica e quali sono i casi in cui è meglio inviarne una? Facciamo come sempre qualche esempio.

Durante l'onboarding dell'app "The American Rodeo", prima di mostrarci il classico popup in cui devi accettare o meno se ricevere le notifiche ci viene chiesto quali sono le notifiche che vogliamo ricevere: se non ne vogliamo nessuna o se vogliamo quelle di una categoria in particolare: le emergenze o per esempio quando sta per iniziare un evento. Se facciamo scegliere all'utente quali notifiche vuole, dandogli anche la possibilità di specificare "nessuna", potremmo aumentare la percentuale di utenti soddisfatti perché riceveranno solo le push che hanno chiesto.

Nell'app Linkedin, se abbiamo cominciato il processo di onboarding ma non lo abbiamo finito e chiudiamo l'app, dopo qualche giorno riceviamo una notifica che ci ricorda di completarlo.

L'app mobile Zalando ci ricorda di tornare nell'app ad acquistare dei prodotti per ogni occasione speciale, per esempio quando si avvicina san valentino. Ovviamente al tap sulla notifica mi fa andare sulla categoria san valentino e non certo sulla homepage dell'app. L'utente non ci perdonerebbe mai questa inefficienza. Da notare inoltre l'uso delle emoji, che ritroviamo in tante altre app.

L'app One Football, conoscendo la nostra squadra preferita dato che è una delle prime cose che ci chiede in fase di onboarding, invia tre tipi di notifiche: una quando comincia una partita della nostra squadra del cuore, una se qualcuno segna e una quando la partita finisce.

E per questo motivo il mondo dei fan o dei seguaci si sposa molto bene con le notifiche push: Twitter ci manda degli aggiornamenti sulle persone che seguiamo e anche Spotify fa così: del resto, se siamo dei fan di un cantante, vogliamo essere i primi a sapere se ha pubblicato un nuovo album. netflix ci avvisa che è uscita la nuova stagione della serie che abbiamo visto.

Cosa possiamo imparare da questa carrellata di esempi? che le notifiche migliori sono quelle personalizzate, basate cioè sui nostri gusti e sulle nostre preferenze. qualche volta possiamo desumere queste preferenze sulla base delle azioni

dell'utente: se ho visto la prima stagione di Breaking Bad, è probabile che voglia sapere quando uscirà la seconda.
Altre volte le notifiche si basano su elementi temporali specifici: un'offerta speciale da cogliere al volo perché è San Valentino.

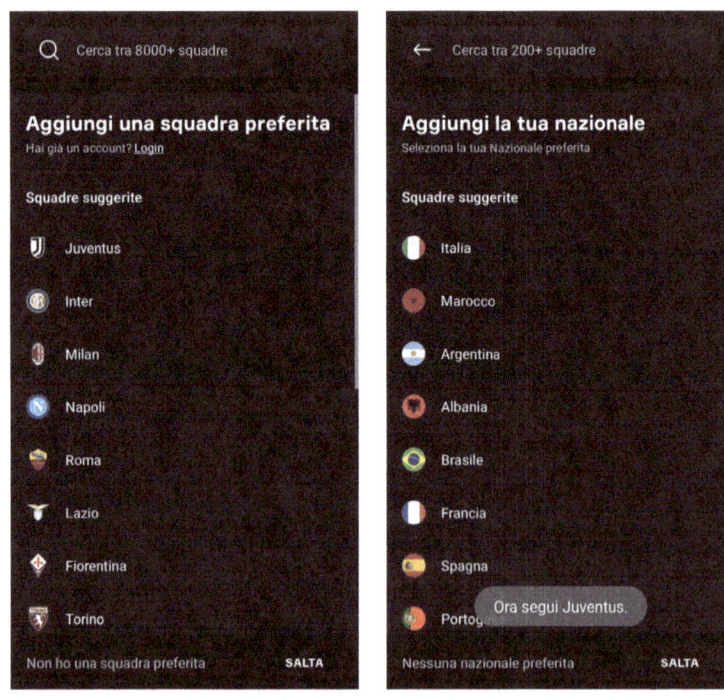

Le scelte iniziali che facciamo nell'app One Football determinano le notifiche che riceviamo successivamente.

Altre volte dobbiamo esplicitamente chiederlo all'utente: se mi dici che ti piace la Juve, allora ti manderò notifiche push su questa squadra. Per arrivare alla massima chiarezza: prima che ti faccia apparire il popup per accettare le notifiche, parliamoci chiaro: vuoi notifiche push quando cominciano nuovi eventi? sì, no. perchè se è no, allora non te lo mostro nemmeno.

In generale quindi possiamo dire che più le notifiche si basano sulle caratteristiche di chi le riceve e più diamo all'utente anche solo l'illusione di poter decidere se riceverle, quando e quali, più esse saranno apprezzate e contribuiranno al successo della tua app.

Quali sono gli errori che dovremmo evitare?

→ Evita di far apparire il popup per accettare le notifiche senza alcuna spiegazione e ancor peggio come prima cosa all'apertura dell'app. Del resto, hai appena scaricato un'app, non hai la minima idea di come funzioni e se ne sei convinto: perché mai dovresti accettare di ricevere notifiche così, a scatola chiusa?

→ Evita il contenuto irrilevante, ma come sappiamo ciò che è irrilevante per qualcuno può essere importante per qualcun altro, dunque la soluzione qui è come abbiamo detto quella di mandare notifiche personalizzate, sulla base degli interessi dell'utente.

→ Occhio all'orario in cui la notifica viene inviata. Se ne invii una alle sei di mattina e se l'utente viene svegliato di soprassalto a causa tua, be', qui non è solo una questione di disinstallazione di un'app, ma può valere persino la fine di un rapporto.

→ Evita troppe notifiche. E che vuol dire troppe? Non c'è un numero esatto qui perché dipende dal mercato in cui l'app opera, da quanto l'utente è fidelizzato, da quanto è rilevante per lui il contenuti che riceve. Quello che sappiamo è che l'utente medio riceve circa 46 notifiche push ogni giorno. Fa' in modo che la tua sia rilevante altrimenti andrà persa tra tante altre.

Mobile UI:
i pattern

La barra di navigazione

La barra di navigazione è la parte superiore di ogni sito responsive, ciò che viene chiamato anche "header", un elemento fondamentale nell'esperienza mobile.

E nei siti responsive siamo abituati a vedere questo elemento in alto nelle pagine, che presenta di solito un logo, un hamburger menu e poco altro.

Per fortuna c'è chi ha un po' di coraggio e cerca di fare di più: per esempio Airbnb nella sua versione responsive usa la barra di navigazione come fosse un'app mobile e dunque abbiamo un header che cambia a seconda della pagina in cui mi trovo.

Anche la versione mobile di Subito.it fa così: abbandona coraggiosamente l'hamburgher menu per una tab bar. Questa non cambia tra una pagina e un'altra come nell'esempio precedente, ma è già qualcosa.

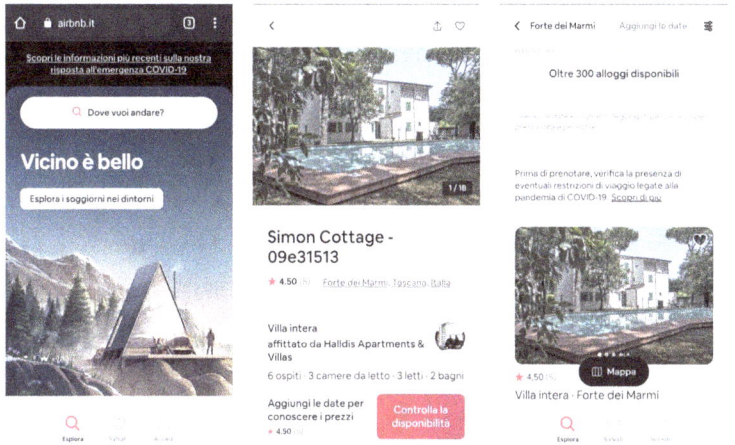

La verione responsive del sito si comporta come un'app mobile nativa.

Insomma, anche nella versione web possiamo e dobbiamo fare di più che un semplice header con un hamburger menu.

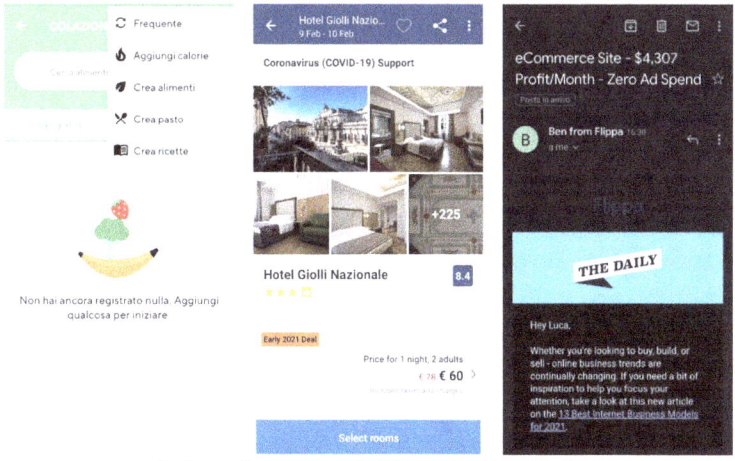

*La barra di navigazione in Lifesum, Booking, Gmail:
tutte e tre si comportano allo stesso modo,
mostrando i pulsanti di una navigazione secondaria.*

Ma è nelle app mobile native che la barra di navigazione diventa il vero e proprio centro di navigazione, presentando quasi sempre tre regioni distinte: in quella a sinistra troviamo il logo, oppure l'hamburger menu o il tasto indietro nelle schede dettaglio. Al centro il titolo della pagina in cui mi trovo e a destra il menu secondario dell'app. Ho detto: "secondario". Parleremo di quello primario nel prossimo capitolo.

L'hamburgher menu

Hamburgher menu: se lo usano praticamente tutti, vorrà dire che funziona bene, no? Be', no.

Secondo Jacob Nielsen, il nome hamburgher calza a pennello a questo menu perché, proprio come le catene di fast food, offrono cibo spazzatura eppure sono servono milioni di hamburgher ogni giorno.

E insomma il nostro amico Jacob la tocca piano demolendo un componente usato e abusato in tutto il mondo mobile, e la domanda che ne consegue è: ma cosa ha fatto di male sto hamburger menu? Come al solito Jacob dimostra sempre con fatti concreti e puntuali le sue teorie e per dimostrarlo cosa fa: prende un gruppo di utenti[1] che fanno da tester e gli dà in pasto tre versioni di un sito in versione responsive.

→ Nella prima versione, il sito ha un hamburger menu.
→ Nella seconda l'intero menu è visibile fin da subito, questo perché le voci di menu sono poche ed è possibile disporle in orizzontale.
→ La terza versione è un mix tra le due: c'è sia un hamburgher

---

1 https://www.nngroup.com/articles/hamburger-menus/

menu che un paio di voci lasciate ben visibili nell'header.

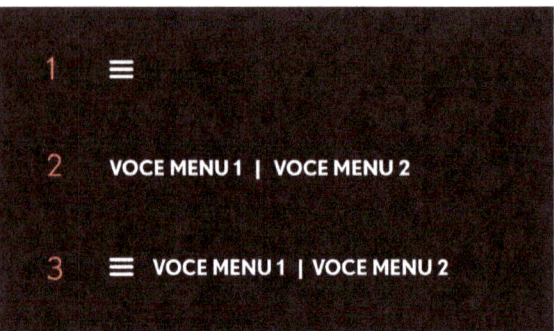

Le tre versioni di menu testate nell'esperimento di Jacob Nielsen: 1) solo hamburgher 2) voci per esteso 3) hamburgher + voci per esteso.

Come reagiscono gli utenti di fronte a queste tre versioni del sito? La terza versione, quella in cui è presente sia l'hamburgher che le voci di menu visibili, ottiene il 30% in più dei tap. Come se non bastasse, nello stesso esperimento gli utenti a cui vengono mostrate le voci di menu fanno tap prima rispetto alla versione che presenta solo l'hamburger menu.

E infine durante l'esperimento vengono assegnati dei compiti che, per assolvere, l'utente deve tappare su una delle voci di menu: chi ha la versione col menu visibile raggiunge il compito il 20% di volte in più rispetto alla versione con l'hamburger.

Insomma il verdetto sarebbe fin troppo chiaro, ma allora, perché cavolo tutti continuano a usare l'hamburger menu se ha così tanti aspetti negativi? il primo motivo è che non è facile trovare delle alternative valide su mobile, soprattutto

quando si hanno molte voci di menu da dover visualizzare.
Il secondo motivo è che, proprio come l'hamburgher di Mc Donald's, sì, è vero, farà pure male, ma vuoi mettere pranzare velocemente e con quattro soldi senza dover per forza tornare a casa a cucinare? Insomma è una soluzione facile da adottare dal punto di vista tecnico e l'utente è abbastanza abituato a questa icona quindi almeno sa che cosa è.

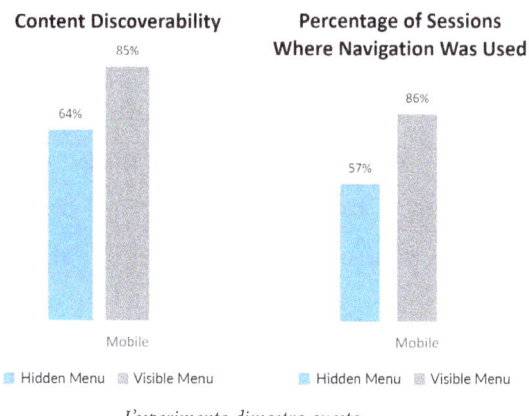

L'esperimento dimostra questo:
nelle versioni con il menù visibile l'utente naviga più pagine..

Per il nostro inflessibile Jacob, se la nostra navigazione ha fino a quattro voci di menu, allora non c'è dubbio: bisogna mostrarle tutte in modo visibile, eliminando l'hamburgher. Se abbiamo più di quattro voci, allora dobbiamo mostrare una soluzione hamburgher + voci selezionate.

Alternative all'hamburger menu: gli esempi

Ma queste come al solito sono solo parole che gli accademici si permettono di fare dall'alto del loro salottino patinato. Ma dall'altra parte della barricata, dove si consuma la guerra, dove si progetta e si sviluppa con budget limitati ma qui, la gente cosa fa? Be' fa questo.

La maggior parte dei siti continua a mostrare solo l'hamburgher menu perché di fatto questa rappresenta la soluzione più economica per trasformare un menu desktop in uno mobile. Ovviamente ci sono delle eccezioni: Airbnb ripensa totalmente il menu su mobile. Youtube fa un lavoro enorme di semplificazione, presentando una versione con una tab bar composta da 4 voci, che va bene sia per il desktop che per il mobile.

Il sito della Bbc usa proprio l'approccio consigliato da Jacob Nielsen: un menu che mostra tante voci a seconda lo spazio disponibile.

L'app di Netflix abbandona l'hamburgher menu in favore di due o tre voci sempre visibili e sposta l'hamburger sulla bottom navigation, inserendo all'interno delle voci davvero di poca importanza rispetto all'uso quotidiano che l'utente fa dell'app. Twitter apparentemente toglie l'hamburger, anche se alla fine tappando sulla propria immagine otteniamo lo stesso effetto. Imdb mostra il tasto accedi e la ricerca come visibili e nasconde tutte le altre voci, come fa anche Etsy,

Eventbrite, Allrecipes.

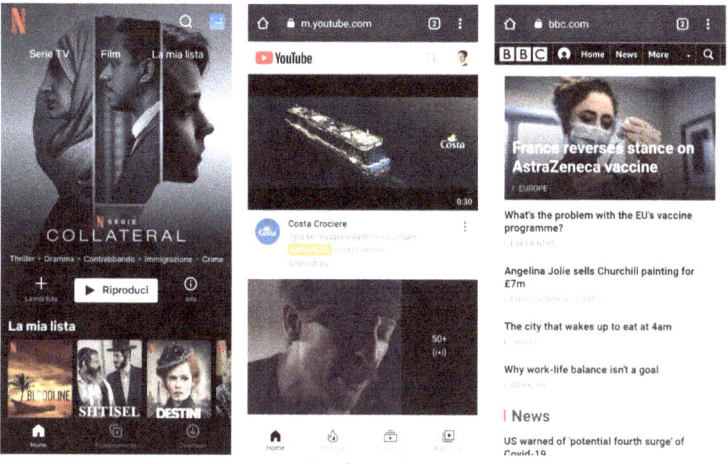

*Tre alternative
che evitano l'hamburgher menu.*

Insomma, per riassumere: fare a meno dell'hamburger menu è davvero, davvero difficile e francamente la maggior parte dei clienti non ha un traffico tale da giustificare uno sforzo economico così importante. Ma la lezione che ci portiamo a casa è questa: quando stai lavorando con un sito con tante visite o con dei visitatori che quotidianamente entrano in quel sito da mobile, allora dovresti pensare seriamente a un'alternativa all'hamburgher menu.

Esercizio: fai il restyling della homepage di Ansa.it

La versione mobile di Ansa.it avrebbe bisogno di un restyling. In particolare il menu non è facile da gestire, presentando due livelli di navigazione: un hamburgher menu e un ulteriore menu per esteso subito sotto. Riuscirai nell'impresa di semplificare la navigazione? Scarica la schermata su https://bit.ly/ansa-ui e fanne un restyling.

Una volta finito, posta il tuo esercizio all'interno del mio gruppo Facebook https://www.facebook.com/groups/uxdesignfriends.

La bottom navigation (o tab bar)

Non c'è batman senza Robin, Harry senza Hermione, Photoshop senza Illustrator, e insieme alla barra di navigazione un altro componente che contraddistingue quasi in modo univoco le app native è la bottom navigation: così viene chiamata dagli utenti android, o tab bar da quelli iOs.

Signore e signori: la bottom navigation.

Comunque tu la voglia chiamare, stiamo parlando dello spazio in basso che, se sei arrivato fino a qui, hai capito che è tra gli spazi più contesi dell'intero schermo mobile, perché quello più facilmente raggiungibile dai nostri pollici: ecco perché è uno spazio dedicato di solito alla navigazione primaria.

Nella maggior parte delle app trovi qui da tre fino a cinque voci di menu, ognuna delle quali ti porta a una sezione differente dell'app e per questo motivo i layout tra un tab e un altro possono essere molto diversi tra di loro.

Di solito le voci di menu partono da quelli più importanti a sinistra a quelli meno importanti a destra. In qualche app l'elemento centrale è quello che permette di compiere un'azione in particolare, per esempio l'inserimento di un contenuto, come fa Youtube o Tik tok.

Oltre le cinque o sei voci è consigliabile aggiungere un hamburger menu o un pulsante generico "altro", dove contenere tutte le voci secondarie, come fa per esempio Facebook o Paypal.

La bottom navigation di solito sparisce quando ti trovi all'interno di una scheda dettaglio: così accade in Linkedin, Vinted, Dice, Immobiliare.it, Slack, Flixbus.

Esistono app facili da navigare senza alcuna bottom navigation? Sì, esistono: The fork, Netflix, Whatsapp, Ebay.

Insomma, la bottom navigation è il centro di comandi più importante, l'area che statisticamente viene più usata dall'utente per poter girare all'interno dell'app, quindi mi raccomando: fanne buon uso.

Le tab

Un terzo componente che potresti trovare, a volte in sostituzione della tab bar e da non confondere con quest'ultima, sono le tab.
Le tab sono un modo molto efficiente per categorizzare e mostrare in aree diverse le informazioni presenti su una pagina. Esse sono un'eccellente metafora del mondo reale in cui viviamo, perché siamo già abituati per esempio a cercare qualcosa in un'agenda sfogliando proprio per etichette come proprio funzionano le tab. Inoltre rendono la navigazione prevedibile, e cioè l'utente sa già prima di fare qualunque tipo di azione dove si trova e cosa potrebbe aspettarsi nelle altre voci di menu.
La navigazione a tab ha senso quando le singole voci rappresentano un sottoinsieme di una stessa categoria, e questo legame viene rappresentato dal fatto che anche il layout all'interno di ogni tab è sempre lo stesso o comunque simile. Quando non viene rispettato questo legame si può creare un effetto di disorientamento, come accade per esempio nell'app di Booking.com, dove le tab non solo portano a funzionalità e a layout del tutto differenti, ma perdono ogni riferimento al menu precedente, come se fossimo all'interno di app diverse. Evita tab e sottotab, perché rendono difficile la navigazione

sia a livello concettuale, l'utente ha difficoltà a capire cosa sta visualizzando, che fisico, l'utente ha difficoltà a tappare la voce giusta.

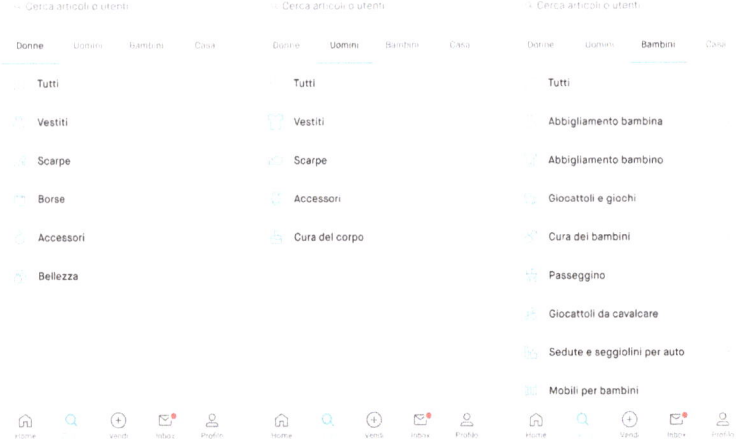

*L'app Vinted usa le tab per rappresentare
le macro-categorie dentro le quali si può effettuare la ricerca*

Usare una navigazione a tab vuol dire che una di queste deve essere sempre selezionata quando le tab sono visibili. Non ci può essere mai e poi mai la situazione in cui tutte le tab sono spente, altrimenti be', non stai facendo una navigazione a tab, ma una user experience che porterà solo guai.

Fai attenzione a quando le tab diventano tante al punto da non poter rientrare all'interno dello schermo. a volte avrai la necessità di usare uno scrolling orizzontale come questo. quando lo fai, assicurati che l'ultima voce di menu sia tagliata, così da far intuire che c'è dell'altro lì sulla destra.

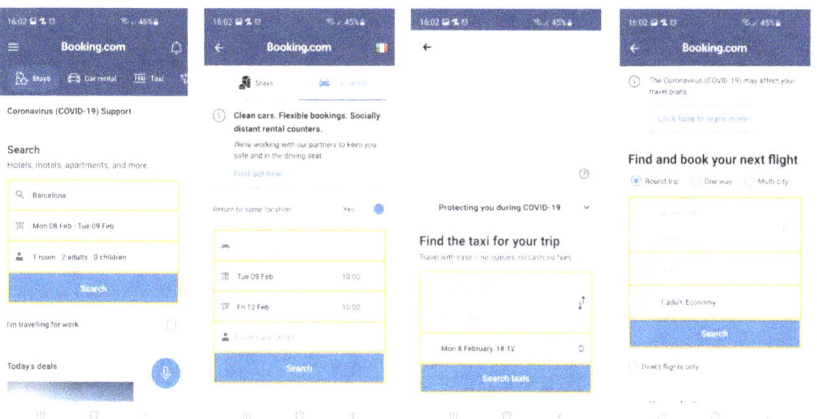

*L'app Booking.com fa un uso non corretto delle tab.
Ognuna di esse porta l'utente su una sezione molto diversa
e senza alcuna continuità di menu.*

In conclusione, le tab sono un componente molto flessibile che ti permette di organizzare il tuo contenuto per cui, quando ti trovi in una delle situazioni descritte, non avere paura e usale.

I tipi
di navigazione
all'interno dell'app

L'utente mobile di solito non ha molto tempo per trovare qualcosa all'interno di un'app tramite la ricerca testuale oppure cercando di interpretare correttamente una navigazione per lui poco esplcita.

Ecco perché decidere come l'utente navigherà i contenuti è una delle decisioni più cruciali che tu possa fare.

E se da un lato sappiamo tutti quanto sia necessario limitare al massimo il numero di click o di tap per arrivare a una qualunque sezione del sito, il fatto è che a volte dovrai gestire così tanti contenuti che non potrai soddisfare questa regola generale. Quali possibilità abbiamo per creare delle navigazioni efficaci?

La struttura ad albero

La prima è la cosiddetta struttura ad albero, con la quale usiamo categorie, sotto-categorie e a volte persino sotto-sotto-categorie e così via.

La struttura ad albero è un modo di creare una gerarchia dei contenuti che consente all'utente di risalire facilmente in superficie o scendere fino all'ultimo livello.

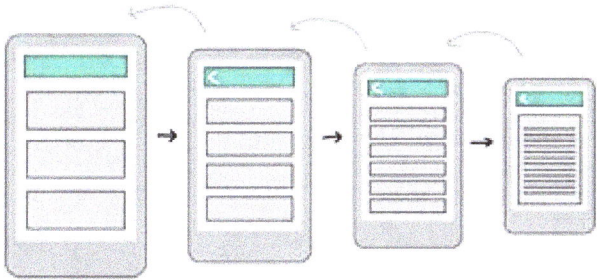

Di certo non ce la siamo inventati con l'avvento dei layout per smartphone, ma è un'interfaccia che risale fin dalle primissime versioni del mac, tramite le quali potevi navigare il disco fisso del computer. Su mobile usare questo tipo di gerarchia può avere molto senso perché salva dello spazio prezioso, ed ecco perché la vediamo così spesso nelle app mobile. è utile quando devi mostrare un elenco molto ampio di categorie e sottocategorie e il risultato è una lista di elementi tappabili.

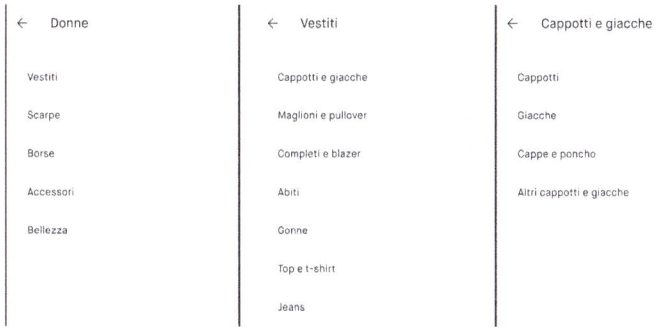

La struttura ad albero delle categorie dell'app Vinted.

Una variante di questa struttura è quello di fare apparire le sotto categorie sotto anziché in un'altra schermata, ovvero creare un accordion menu. È un risultato più elegante che però, se le voci di menu sono tante, può far perdere il senso dell'orientamento al povero utente.

Ovviamente puoi combinare questa struttura con altri componenti che abbiamo già visto, per esempio con la bottom navigation (vinted), o con l'hamburger menu.

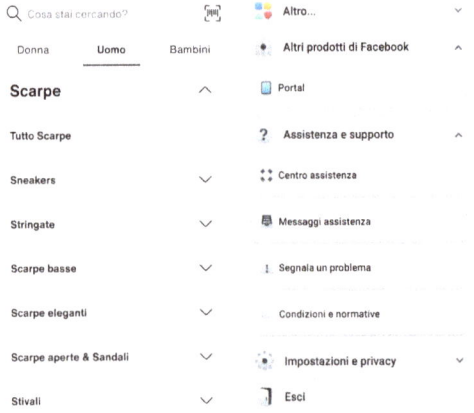

Ecco come Zalando (a sinistra) e Facebook (a destra) usano l'accordion menu.

Hub and Spokes

Un'alternativa è quella di ricorrere alle già nominate card, usando una navigazione che viene definita in inglese "Hubs and Spokes" ma, al di là delle definizioni, quello che ci interessa è l'uso che si fa della homepage, come centro di navigazione dell'app.

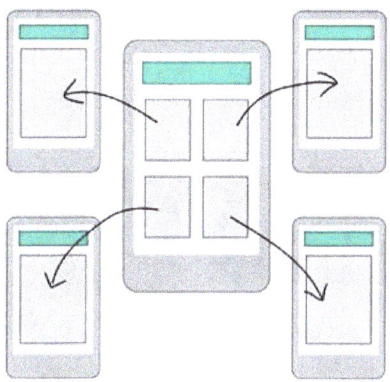

In questo tipo di navigazione la home è il centro di tutto, dove torniamo ogni volta che dobbiamo andare in una categoria in particolare dell'app. Prendi per esempio Netflix dove, a partire dalla home, possiamo scorrere le principali categorie dei film, oppure Google Play.

E le card, più di qualunque altro elemento sono perfette per i nostri pollici. L'utente infatti quando si trova davanti a una di esse non è che si chiede come dovrà usarle: sa che sono degli elementi, dei blocchi che si distinguono l'un l'altro grazie ai colori o al bordo.

E di fronte a un elemento del genere siamo istintivamente portati a fare tap e a vedere cosa succede. Ecco perché il design di oggi è pieno di questi elementi e perché ce le ritroviamo ancor più su mobile, a prescindere che sia un sito responsive o un'app mobile.

La card ci permettono inoltre di risparmiare spazio verticale, sfruttando un orizzontalità che sarebbe difficile da ottenere senza di essa.

Primevideo e Google Play sono un buon esempio di navigazione Hub and Spokes + elementi a forma di card.

Bento Box

Per ultimo abbiamo il cosiddetto bento box e sì, mi riferisco proprio al tipico piatto giapponese fatto a scompartimenti dove vengono inserite le varie portate.

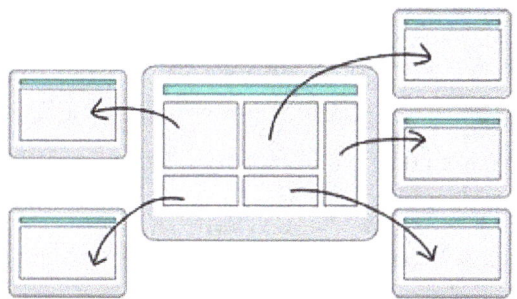

Nel mondo mobile, una navigazione che segue questo pattern usa dei box dinamici all'interno dell'app nei quali fa apparire dei contenuti che potrebbero essere rilevanti per l'utente.

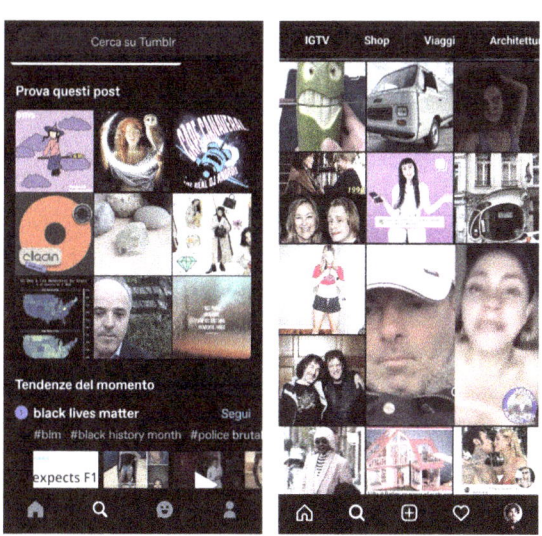

La navigazione Bento Box in Tumblr e Instagram.

È una soluzione elegante, che può mostrare sempre dei contenuti nuovi, freschi, ma che rischia di spingere dei contenuti che non sono quelli che sta cercando l'utente finale. La maggior parte delle sezioni home o discover delle app con tanti contenuti usano questo tipo di navigazione: Eventbrite, Instagram, Behance, Tumblr.

La navigazione è una parte vitale dell'esperienza utente del tuo sito responsive o della tua app, dunque assicurati di scegliere la combinazione di navigazioni migliori per il tuo utente, in base alle azioni che dovrà compiere all'interno del progetto che stai disegnando.

La Splash screen

Parliamo di splash screen, ovvero quella schermata che vediamo per qualche secondo quando apriamo un'app mobile. E c'è un dibattito aperto sull'utilità di una schermata del genere e se non sia il caso di toglierla del tutto, ma la verità è che ad oggi quasi il 100% delle applicazioni continua ad averla. Inoltre un conto è porsi questo problema se sei Amazon, che può contare su di un plotone di programmatori che hanno reso l'avvio di quell'app fulmineo; un conto è la tua app o quella del tuo cliente, che deve connettersi al server Aruba o a un database non ottimizzato. E dunque la splash screen ad oggi continua ad esistere, e se ne dobbiamo fare una cerchiamo almeno di farla bene.

Gli obiettivi di una splash screen

Chiediamoci: quali sono gli obiettivi di una splash screen?
→ Creare una buona prima impressione;
→ Far diminuire il cosiddetto bounce rate, ovvero la percentuale di utenti che chiude subito l'app già quasi fin dall'apertura;
→ Ricordare all'utente il brand dell'app;
→ Rendere l'attesa piacevole.
Riguardo a quest'ultimo punto, il nostro obiettivo dev'essere

quello di catturare lo sguardo dell'utente distraendolo dalla domanda che non dovrebbe mai farsi e cioè: ma perché cavolo quest'app non mi lascia ancora entrare? Ecco perché troviamo queste animazioni nell'app The Fork per esempio, o Just Eat, Disney+, Dazn, Zalando, Deliveroo. Interessante come Calm sfrutti un potenziale problema, che è l'attesa dell'apertura dell'app, come un'opportunità per chiedere all'utente di entrare nello spirito dell'app.

Alcune splash screen con delle animazioni che hanno come obiettivo quello di non farci pensare: «Cosa stiamo aspettando?»

L'apertura di un'app mobile dovrebbe essere veloce. Quanto veloce? Tre secondi al massimo. Non lasciare questo dettaglio al caso: anche questa è user experience. Anzi, dirò di più: se l'app che stai progettando viene aperta più o meno quotidianamente, allora questo tempo dovrebbe scendere a un secondo. È davvero possibile farlo? Apri Whatsapp sul tuo cellulare e risponditi da solo.

Ma la domanda è: ok, va bene la regola dei tre secondi che poi diventa uno, ma cosa possiamo fare se l'app che stiamo progettando impiega più di tre secondi per aprirsi? A volte questo può dipendere dall'infrastruttura che stiamo usando, altre proprio dalla connessione del cellulare dell'utente, insomma che si fa in questi casi? Possiamo mettere una barra di caricamento o un loader, con un'animazione che mi faccia capire che sta succedendo qualcosa, che l'app sta funzionando.

Ricorda di mantenere una comunicazione essenziale e questo serve sia a rendere la splash leggera da caricare, sia a evitare di bombardare l'utente di informazioni non essenziali. Facciamolo accomodare in casa nostra senza riempirlo di inutili chiacchiere.

Dunque ricorda: creare una buona splash screen ti permette di ridurre il bounce rate, di ricordare il brand all'utente, di fare una buona impressione. Parla col resto del team tecnico e cerca di mantenerla per meno di tre secondi. Per raggiungere questo obiettivo, fai in modo di far caricare il numero minimo di informazioni necessarie che l'utente deve vedere per cominciare a usare l'app per poi caricare tutto il resto e per favore: non riempirlo di chiacchiere!

Filtri

Ogni volta che un designer nel mondo deve includere dei filtri all'interno di un'esperienza mobile, ecco che cominciano i problemi.

E perché succede questo? Perché se i filtri sono pochi, tipo due o tre, allora possiamo ancora gestirli facilmente inserendoli all'interno dello stesso layout degli elementi da filtrare. Ma quando le variabili diventano troppe, allora abbiamo bisogno di una nuova schermata per mostrarli e dunque costringiamo l'utente finale a perdere di vista gli elementi che sta filtrando, e a concentrarsi unicamente sui filtri.

Di fatto eliminiamo ogni contesto, obblighiamo l'utente a usare la memoria per ricordarsi cos'è che stava filtrando. Tutto qui? No, non è tutto qui, perché la seconda problematica è quella di costringere l'utente a usare nuovamente la sua precaria memoria per ricordarsi anche cosa aveva filtrato. E insomma contiamo troppo su una variabile, la memoria dell'utente, di cui non abbiamo controllo, non possiamo prevedere quanto sia buona, sapendo già che in una navigazione mobile le sue azioni potrebbero facilmente interrompersi.

Tutto questo spiega anche perché la maggior parte degli utenti preferisce non filtrare e continuare a cercare manualmente, anche se sulla carta dovrebbe essere più scomodo.

Come possiamo quindi mostrare i filtri in una navigazione mobile? Ho individuato per te due modi principali con i quali la maggior parte delle app e dei siti responsive mostra i filtri. Vediamoli insieme.

Il primo modo è quello di mostrare filtri e risultati nella stessa pagina.

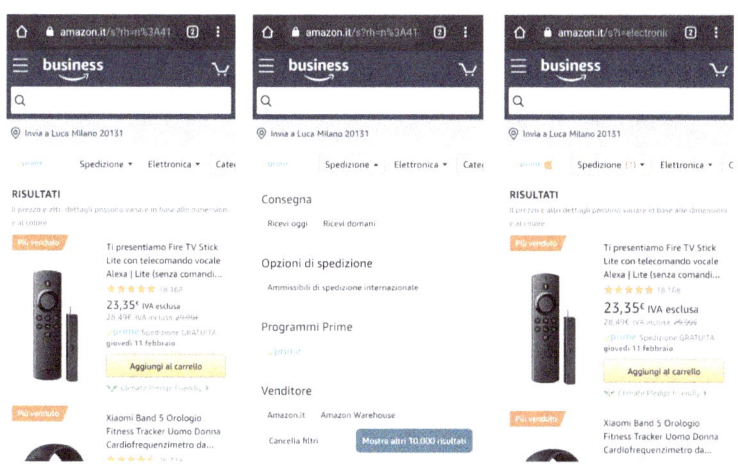

Amazon.it mostra i filtri all'interno di uno scrolling orizzontale e contestualmente ai risultati.

Il vantaggio di questa scelta è che l'utente ha sempre sott'occhio sia i filtri che il contenuto da filtrare. è la soluzione più utile ed elegante quando le variabili dei filtri sono tutto sommato un numero piccolo. Puoi eventualmente sfruttare lo scrolling orizzontale per inserire tutti le voci, ma all'aumentare di queste sarai costretto probabilmente a usare un approccio diverso.

Il secondo metodo è quello di mostrare i filtri a schermo intero: abbiamo il vantaggio di far concentrare l'utente al 100% sui filtri, ma perdiamo al tempo stesso il contesto, ciò che lui sta filtrando. Ecco perché va usato quando hai a che fare con tante variabili.

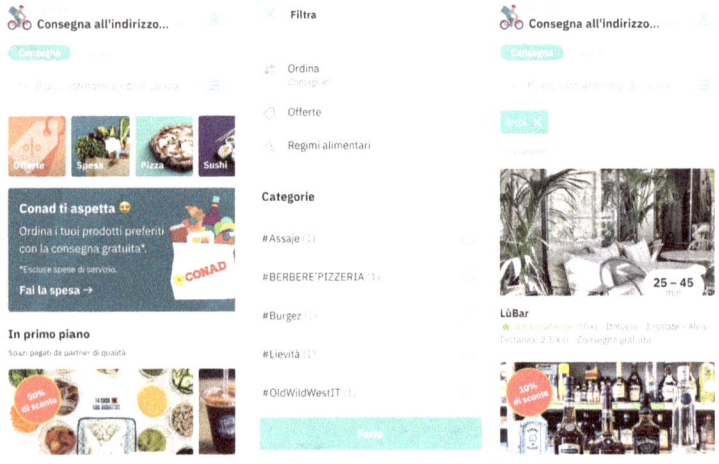

Deliveroo sceglie di usare un'altra finestra
per far gestire tutte le variabili all'interno dei filtri.

In alcuni casi potrai vedere una variante di questa soluzione, che vede la schermata dei filtri occupare quasi tutto lo spazio, ma non tutto. Mi sento di sconsigliare questo approccio, perché il contesto che riusciamo a guadagnare è davvero troppo poco perché possa essere considerato utile per l'utente.

Infine, quando devi disegnare una schermata di filtri ricordati di inserire anche:

→ Un tasto di reset o reimposta filtri;

→ Un'indicazione chiara che i filtri siano attivi, altrimenti l'utente finirà per dimenticare se ha azionato un filtro o meno.

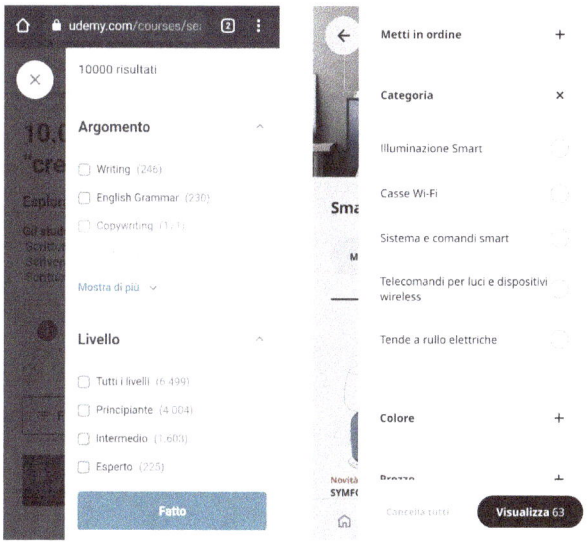

*Udemy.com e l'app Ikea non occupano
il 100% della larghezza da dedicare ai filtri.*

In conclusione, i filtri sono uno strumento molto potente che rende la vita dell'utente più semplice quando deve districarsi tra decine, centinaia o migliaia di risultati. P
rima di scegliere un sistema di filtri per il tuo progetto, pensa attentamente a quale delle due soluzioni adottate funzioni meglio e ricorda che nessun dottore ci ha prescritto una sezione di filtri come obbligatoria: un esempio è Netflix, che nonostante abbia più di 3.000 film in catalogo è riuscito a fare un'app senza alcun tasto per i filtri. In bocca al lupo!

La fase di onboarding

Definizione di onboarding: quel processo tramite il quale un software provvede a dare le informazioni necessarie a un nuovo utente per usare il software stesso. E su mobile siamo abituati a vedere quelle prime tre, quattro schermate che dovrebbero spiegarci come usare l'app. Siamo abituati perché in fondo sono un momento creativo per noi designer, perché ci piace inserire delle animazioni o dei disegni simpatici, pensando di attirare così l'attenzione del nuovo arrivato. Ma... ti sei mai chiesto se queste schermate abbiano davvero un valore per l'utente? A fugare ogni dubbio ci pensa sempre lui, Jacob Nielsen, che fa il seguente esperimento.

Prende 70 utenti mobile e chiede loro di fare alcune task su delle app che non hanno mai visto prima.

Divide l'intero gruppo in due: a una metà chiede di saltare interamente le prime schermate di onboarding, all'altra metà di vederle tutte quante prima di passare all'app.

Dopodiché chiede di compiere un'azione, azione che ovviamente è tra quelle spiegate proprio nelle prime schermate di onboarding, dunque in teoria metà del gruppo dovrebbe sapere come si fa e l'altra metà no. E invece cosa succede? Che i due gruppi raggiungono lo stesso risultato, con percentuali di successo comparabili e con una velocità simile.

Vuol dire che non importa se gli utenti abbiano letto o meno le istruzioni: percentuali simili all'interno dei due gruppi hanno raggiunto lo stesso risultato nello stesso tempo.

Già questo potrebbe bastare per darci un'indicazione precisa sull'utilità di queste schermate, a cui spesso deleghiamo il compito di risolvere problemi di user experience che non siamo riusciti a evitare all'interno dell'app, ma adesso viene il bello.

A entrambi i gruppi Jacob fa una domanda precisa: «Da uno a dieci, quanto ti è sembrata difficile la task che ti abbiamo chiesto di fare?». Il risultato è questo: chi aveva letto le prime schermate ha percepito la task come più difficile rispetto a chi non le aveva lette.

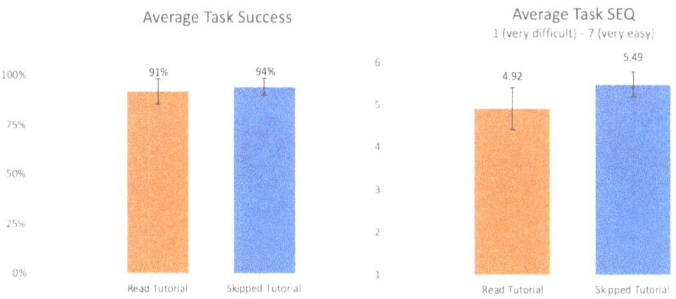

Sembra un controsenso, ma è così: l'esperimento dimostra che chi legge le schermate di onboarding trova le task più difficili rispetto a chi salta del tutto le prime schermate.

Non abbiamo una risposta precisa perché questo accada, ma secondo Jacob il fatto di dover leggere l'istruzione per fare qualcosa, qualunque cosa a prescindere che essa sia facile o difficile da compiere, in qualche modo questo fatto è come se dicesse alla nostra mente: preparati, perché quello che stai per fare sarà davvero, davvero complicato.

E insomma, un bello smacco per tutti quelli che adorano fare i tutorial iniziali nelle app, ma qui la lezione che dobbiamo portare a casa è che poco importa il dibattito se le prime schermate siano effettivamente lette o meno dagli utenti, lo studio ci dice che a prescindere che vengano lette o meno, gli utenti hanno sempre la stessa possibilità di compiere l'azione o di fare quello che gli riesce meglio che di solito è un errore.

C'è uno strumento che possiamo usare al posto delle schermate di onboarding? Sì, e si chiama "aiuto contestuale".

Ne parliamo nel prossimo capitolo.

L'aiuto contestuale

Siamo i soliti esseri umani: cocciuti, orgogliosi e pigri. Non vogliamo leggere le istruzioni per fare qualcosa, tanto sappiamo già come funziona. Però, ecco, nel momento in cui ci proviamo e stiamo notando che qualcosa non va, in quell'attimo prima della depressione più nera, siamo più inclini ad accettare una mano.

Questa è l'idea di base dell'aiuto contestuale ed è anche il motivo per cui quando andiamo a Londra ogni singola volta che dobbiamo attraversare la strada c'è questa scritta che ci ricorda che le macchine arrivano dal senso opposto rispetto a praticamente il resto del mondo. O perché quando prendi la metropolitana c'è una scritta onnipresente che ci ricorda di stare attenti allo spazio che si crea tra il marciapiede e la metro. Insomma: non ci piace l'idea di aver bisogno di aiuto, ma ci piace che qualcuno ci dica, nel posto giusto e al momento giusto, una cosa che in realtà è proprio un aiuto, ma stiamo ben attenti a chiamarlo così, perché questo potrebbe ferire il nostro cuore da leoncino.

Tutto questo come si trasforma all'interno di un'app mobile? Facciamo qualche esempio.

La prima volta che da mobile arriviamo su Amazon.it ed entriamo nella categoria "vestiti", un'animazione che dura giusto qualche secondo ci fa capire che possiamo interagire con l'immagine che abbiamo davanti usando le due dita.

Al primo avvio di Tik Tok un'animazione ci fa capire senza alcun dubbio quale sia il movimento che faremo d'ora in avanti finché non averlo disinstallato l'applicazione. La cosa interessante è che capiamo cosa fare anche senza leggere la parte testuale.

Può essere usato quando devi far capire all'utente che c'è una nuova funzionalità, come nell'app Linkedin o in Uber eats.

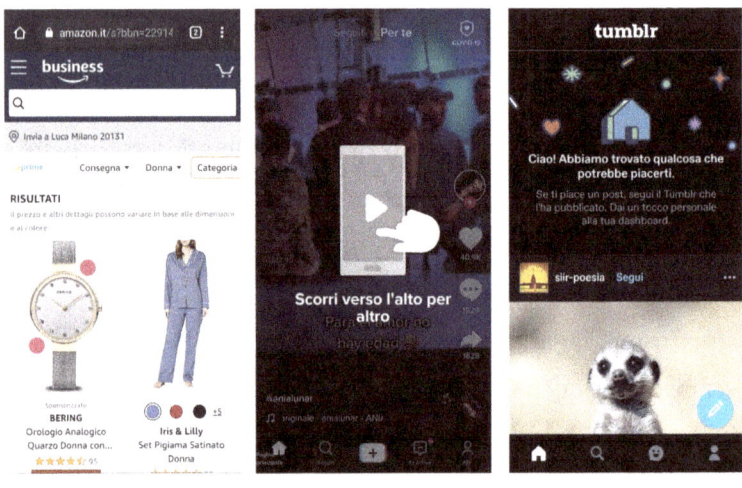

Esempi di aiuti contestuali nel sito di Amazon, Tik Tok e Tumblr.

Il testo iniziale che troviamo appena registrati su Tumblr ci spiega in poche parole la funzionalità "segui" dell'app.

L'app Any.do ti obbliga a cominciare con un uso assistito

dell'app: questo è un modo molto interessante che rende un processo di onboarding dinamico e interattivo anziché passivo e noioso.

L'onboarding guidato nell'app Any.do.

Le notifiche push tornano a essere utili a questo scopo: Linkedin ne manda una se hai cominciato a creare il tuo profilo ma non l'hai ancora concluso.

Insomma, un aiuto contestuale può aiutare ad aumentare la percentuale di conversione della tua app, per questo sono così importanti e la loro progettazione è strettamente legata al modo in cui funziona l'app e per questo non è prevedibile. Di certo però un buon aiuto contestuale deve avere un testo molto corto, se non addirittura quasi nessun testo, come abbiamo visto con Tik Tok.

Deve apparire solo nel momento in cui l'utente si sta chiedendo come utilizzare qualcosa, coma le notifica push di Linkedin che ci ricorda che abbiamo un'iscrizione in sospeso.

Deve essere discreto, come l'animazione che abbiamo visto sul sito di Amazon: l'utente deve poter avere il potere di decidere se usare quell'aiuto oppure no.

Fine

Ebbene sì mio caro designer, siamo arrivati alla fine di questo libro. Se ti è piaciuto ti ricordo di lasciare una recensione.
Ti invito ad iscriverti al gruppo Facebook "Ux design & friends" facebook.com/groups/uxdesignfriends dove posto ogni tanto qualche video legato al web e mobile design.

Chi sono

Mi chiamo Luca Panzarella e dal lontano 2007 aiuto aziende di qualunque dimensione a creare delle esperienze positive per gli utenti dei loro prodotti o servizi digitali, attraverso i loro siti web o applicazioni mobile.

Ho cominciato lavorando come graphic designer, per poi passare al web design, poi allo ux design e infine negli ultimi anni ho collaborato con diverse startup come product manager.

Oggi sono un imprenditore digitale, il che vuol dire che campo grazie a quelli che un tempo erano dei "side project" e che ora sono diventati dei prodotti maturi.

Mi piace sperimentare, imparare e insegnare: ecco perché ho realizzato diversi video-corsi su Udemy e libri che ho auto-pubblicato diversi libri su Amazon.

Ti auguro una bellissima carriera professionale.

Luca Panzarella

Linkografia

https://www.nngroup.com/articles/big-pictures-small-screens

https://uxplanet.org/mobile-form-usability-2279f672917d

https://uxmovement.com/mobile/input-types-give-users-the-right-keyboard-on-mobile-forms

https://protoio.medium.com/designing-for-mobile-user-input-686ac9632b25

https://uxdesign.cc/ux-best-practices-registration-500e55284f82

https://uxdesign.cc/30-steps-in-the-registration-process-for-stopping-users-from-cursing-you-369a6c18400

https://www.nngroup.com/articles/hamburger-menus

https://uxplanet.org/tabs-for-mobile-ux-design-d4cc4d9410d1
https://uxdesign.cc/building-the-perfect-splash-screen-46e080395f06

https://uxplanet.org/splash-screens-and-creating-great-first-impression-for-mobile-users-1b50eb7a1f84

https://baymard.com/blog/how-to-design-applied-filters

https://thierrymeier.medium.com/filtering-and-sorting-best-practices-on-mobile-61626449cec

https://www.nngroup.com/articles/mobile-tutorials

https://www.nngroup.com/articles/mobile-app-onboarding

Bibliografia

Nielsen, Jakob; Budiu, Raluca. "Mobile Usability", Pearson Education.

Perea, Pablo; Giner, Pau. "UX design for mobile", Packt

Clark, Josh. "Tapworthy: Designing Great iPhone Apps", O'Reilly Media.